マイナビ新書

先生になろう！

セカンドステージでキャリアを生かす

小山信康
著

小澤俊雄
監修

マイナビ新書

はじめに

セカンドライフ、セカンドステージ、セカンドキャリア。「人生100年時代」というキャッチフレーズのもと、日本では定年前後を一区切りにして、人生に必要なお金や仕事を見直すことが一般化されつつあります。60歳から残りの人生を余暇として過ごすのではなく、まだまだ続く人生をどう生きるのか、新しい仕事に切り替える時期を迎えてもいいのかもしれません。

ただ、40年近く会社員を続けてきたような人が、60歳になっていきなり新しい仕事を始めろと言われても、新たにスキルを身に付けるのは並大抵のことではないでしょう。いちいち「第2の……」と切り替えようとするから、面倒な事態に陥ります。

それであれば、無理をして新しいことを始めるのではなく、元々やっていたことの延長線で、仕事を続けてみたらどうかと感じています。それまでやってきたことを「教える」、ただそれだけのことです。教えるだけなのに、周囲からは「先生」と呼ばれて尊敬を受けることができます。

60歳を過ぎて、届く年賀状の宛名が「○野×夫 様」ではなく「○野×夫 先生」となっているのです。お子さん、お孫さんが見たら「カッコいい！」と思うはずです。

60歳以降は働きたくないという人もいるようですが、日本の年金財政を考えれば、それが難しいことは一目瞭然です。結局のところ、子どものころに習った「働かざる者食うべからず」の状況は、これからも続いてしまうようです。

でも、ずっと長い間、いろいろなことを我慢して会社で働き続けてきたのに、また嫌なことを我慢して残りの人生を全うするのも、もったいないと思いませんか？

どうせなら誰かに尊敬されて、誰かに「カッコいい！」と言ってもらいながら年を重ねていきたくありませんか。大げさなことを言えば、現代の福沢諭吉を目指してもいいじゃないですか。

セカンドライフに必要なものとして、私のようなファイナンシャルプランナーは3つのものを挙げています。それが「お金・健康・いきがい」です。そして、この3つを充足する最も有利な働き方こそ、「先生」なのです。しかも意外と簡単に先生になれてしまうのです。私自身がそうでした。詳しくは本文で解説しますが、幸運に恵まれて、長年にわたり講師業を務めさせていただいています。

なお、本書を執筆するにあたり、人生の先輩であり同じく講師業を営む、小澤俊雄先生に監修としてご協力いただきました。年齢を言ってしまって申し訳ありませんが、70歳を過ぎても現役の専門学校・大学の先生としてご活躍中です。背筋も滑舌も完璧な状況を維持して、今でも生徒から人気があります。先生や講師と呼ばれる仕事が、いかに輝き続けられるものであるかを証明していただける方です。

このような「ナイスシニア」を目指して、あなたも先生と呼ばれる仕事を始めてみませんか？　その簡単な方法を、本書にしたためておきました。まずは気軽なお気持ちでご覧になってみてください。

小山信康

先生になろう!

セカンドステージでキャリアを生かす

目次

はじめに　3

第1章　先生になる窓口は広い

明日からでも講師業はできる　14
先生になるハードルを上げてしまいがち　19
定年前後の世代は講師業に向いている　21
体力面は大丈夫？　28
講師は時給がイイ？　30
講師業にはパターンがある　33

第2章　セカンドステージに先生を勧める理由

人生が延長された世代　38

シニア労働の支援制度が増えている 45
講師業の良いところはキャリアを引き継げること 48
セカンステージとして講師業を行う意義 52
初期投資ゼロの講師業 57
ローリスクハイリターンの人生 65

第3章 先生になるための準備

長年の実務経験という得難い実績 72
経験の洗い出しから始めよう 73
講師デビューへの道 81
近道は資格の取得 84
講師業は紹介が基本 89

第4章　先生になって仕事を続けるには

講師の仕事を得る方法～初級編～　96
講師の仕事を得る方法～中級編～　102
講師業には人間関係を大切にすることが不可欠　105
自分にあった講師業を選ぼう　109
求められる講師になるちょっとした心配り　111
講師業の落とし穴　112
要望を言いやすい講師でいよう　117
大学教授への道　120
講師としてのステップアップ　123

第5章　セカンドステージを見据えた行動

定年退職と早期退職　128
将来を見据えた選択を考えよう　137
退職前にやっておくべきこと　139
ご近所さんとの付き合いを考えてみよう　143
異業種交流会の活用の仕方　146
退職直前・退職後にやるべきこと　148

第6章　成功する先生、失敗する先生

講師業に失敗はない？　156
講師が一方的に話をするだけ？　157
生徒との付き合い方　161

事前の準備 169
転職先が豊富な講師業 170
通用するキャリア、通用しないキャリア 175
こんな人は講師として紹介したくない 179
講師に向かない人 186

おわりに 196

第1章

先生になる窓口は広い

明日からでも講師業はできる

筆者自身は30歳手前から講師を生業としていて、約15年のキャリアがあります。さすがに15年も人前で話していると、舞台の上に立って緊張するということはほとんどありません。

今となってみれば、講師という仕事があたり前であり、自分の職業としてちょっとは向いていたのかな？　と感じることもありますが、初めて講師になったときのことを思い出せば、そんな自信は数ミリもありませんでした。

その理由は、学生のときの経験にあります。まだ10歳代だった当時、少しでも時給の高いアルバイトを求めて、塾の講師に応募しました。10分前後の模擬講義を行った後、採用担当の塾長にダメ出しをされて、すごすごと逃げ帰った思い出があります。言われた内容は今でもある程度覚えていますが、当時は「そんな細かいことを考えて受験勉強しなかったよ!!」と、自己流で学んできたことを悔やみました。

なぜなら、大学受験の際に予備校や塾に通わなかったため、そのような場所における学び方や教え方を全く知らなかったからです。

塾長からも、

「予備校に通って浪人してるくらいの方が上手いんだよねぇ」

「中学受験してないんだ。それじゃあ厳しいなぁ」

と言われたものです。

大学の授業でも、卒業論文を発表する程度しか人前で何かを伝える機会がありませんでした。加えて、新卒で入社した会社ではデスクワーク。他の会社の方と接することはおろか、社内の会議で話すようなことも皆無に近い状態でした。

性格的に目立ちたがり屋なところがあるので、唯一その点が講師に向いているかも？　という程度で、講師としての経験はゼロ、学生時代のトラウマを差し引けば、マイナスからのスタートでした。

詳細は後述としますが、講師として初登壇する際も、ほぼ代打のような形で得た機会でしたので、これといったトレーニングもなく、講義内容自体は事前に準備できたものの、ほぼぶっつけ本番のような形で登壇しました。

上手いか下手かで言えば、当然下手な部類となるわけでしょうが、それなりの講義を行えたようで、後々「講師料を返せ」と言われるようなことはありませんでした。

失礼なことを申しますと、あの当時の私より教え方が下手な講師はたくさんいます。「教科書を読んでいるだけ」と酷評されてしまう人もいます。それでも、講師料を没収されるようなことはまずありません。

どんなに下手であっても「先生」という立場を尊重して、その労働の対価は守ってくれるのが普通です。もちろん、その後の契約が続かないというケースは十分に考えられますが……。

一方で、予備校や塾の講師のハードルは高いです。「今でしょっ!?」で有名な林修先生のようなカリスマ講師がゴロゴロしています。彼らの多くは若くして講師のキャリアをスタートしているので、彼らに太刀打ちするのは難しいでしょう。特に受験戦争の現場から20、30年経った人が、何も知らずに高校や大学の受験を教えるのは非現実的です。

しかし、大学生や社会人向けの講座であれば、いつでも講師としてのキャリアをスタートすることができます。国語や英語、せいぜい理科が物理や化学等に分かれる程度の受験と違って、英会話やフラワーアレンジメント、ダンスから新聞の読み方まで、教える分野の範囲が広いため、当然、受験に比べて講師になるための競争率が低くなるからです。

しかも、講師として求められることの多くが「経験」です。その内容を教えるバックボーンとなる何かがあれば、それだけで講座を任せてもらえるチャンスがあります。でも、勘違いしないでください。必要なのは高度な専門知識や特別な資料ではなく、社会人として必死に働いてきた経験、それだけで十分です。

例えば、こんな講座はいかがでしょうか？

「元○○証券営業マンが教える株式投資講座」

このタイトルだけで、ある程度の集客は見込めます。実際は講師として未経験であっても、社会人としてのキャリアだけで十分に説得力を担保してくれるのです。たとえ、株式投資について「教える」部分が下手であっても、証券営業マン時代の思い出話や苦労話に終始しただけでも、受講者の多くはアンケートに「楽しかった」と記してくれるはずです。

このような講座をどこでどのように開催するのかについては、第4章にて記しますが、何十年という社会人キャリアがある方々であれば、1時間や2時間の講座を面白く聴かせるネタに困らないことは間違いありません。

先生になるハードルを上げてしまいがち

前述の通り、教え方が下手な講師はたくさんいます。もしかすると、私もその一人かもしれません。直接褒めてくれる人はいても、直接ダメ出しするような人はほとんどいないので、気づかないだけかもしれません。

受講者の立場から見ると、講師というのは高い位置にいるように見えるかもしれませんが、案外ハードルの低いものです。

そのうち、この仕事に慣れてくれば、「元々上手いんでしょうね」と、過去を塗り消してくれる評価を得られるものと安心してください。

講師としての業務をスタートすることに、どうしても不安になってしまうことは仕方ないにせよ、実は不安になるほどのことはないのです。しかし、多くの方は当初の不安に苛まれて、人前で話すことから逃げてしまいます。数回やれば慣れるはずなのに……。

筆者は、小学校のPTA会長も務めているため、各所の講演に関わることがあります。その際、「○○の講師を紹介して」と頼まれることが多いのですが、知り合いの講師未経験者に「あなたの業種に関わる内容だから、ぜひ話してくれませんか?」と誘ってみるものの、ほとんどのケースで断られてしまいます。

その理由の多くが「人前で話したことがない」です。もちろん、数分のスピーチくらいは誰しも経験があるのでしょうが、30分以上舞台に立って何かを伝えようとした経験のある人は、少数派なのかもしれません。そのまま年を重ねていけば、「今さら、自分にはできない」と自らにレッテルを貼ってしまう気持ちも分かります。

それでも、この本を手にしているあなたは、ほんの少しでも講師という仕事に興味を抱いているに違いありません。興味がある時点で十分に「講師に向いている」と言えます。後は自分を諦めさせていたレッテルを外すだけで、いつでも講師としての活動をスタートすることができます。

料理が得意な人は、いつでも料理の先生になることができます。専業主婦の人が自宅に友人を招いてレシピを教えることは、講師という仕事の始め方としては典型例と言えるでしょう。

特別な肩書きがなくても、いつの間にか教えることを任されている人はたくさんいます。少年野球のコーチにしても、甲子園に出たような経験があるわけでもなく、中学校の部活程度の経験でも堂々と指導しています。

相手によっては、初対面の段階で「先生」と呼んで尊敬してくれる可能性もあります。政治家の「先生」になるのは大変ですが、物事を教える「先生」であれば簡単になれてしまうものです。

定年前後の世代は講師業に向いている

20代や30代の人に、「講師として独立したい」と相談された場合、素直に「どうぞやってごらん」と言う気にはなれません。現実的な問題として、収入が不安定であることは否定できないからです。大手の専門学校等で社員として講師になるのであれば、安定した生活も考えられますが、主に時給で報酬を得る講師業に保証された収入などありません。

特に、独立したばかりのころに、時給の高い仕事が舞い込んでくるケースはほとんどありません。独立当初は「飯が食えない」状況となるのが普通です。筆者が独立した当初は、父が営んでいた印刷業の制作・営業職を兼ねていたので、講師業とのダブルインカムでやり過ごしていた次第です。手伝うような家業がある人も少ないでしょうから、現実的にはアルバイト等によって家計を維持することも考えられます。実際、筆者が独立したころ、道路工事でアルバイトしていた方も同業で見かけました。

しかし、資金面で言えば定年前後の人たちは有利であると考えられます。現役時代に蓄えた資産が、ある程度残っている人もいるはずです。退職金をたくさん受け取ったばかりの人もいるかもしれません。自宅を持っていれば、住居費の負担に悩まされることがありません。65歳になれば、公的年金による安定収入が期待できます。焦らなくても、ある程度の暮らしは守ることができるはずです。

筆者の周りでも、年に何回も海外旅行へ行きながら、時折講師として働いている人を何人か見かけます。趣味の一つとして講師業を楽しんでいるのかもしれません。

「収入が安定しない」と前述しましたが、その理由の一つに「業務の時間が安定しない」ことが挙げられます。休日にセミナーの講師を務めることがあれば、それとは逆に平日の昼間に仕事が入らず、休みになってしまうこともあります。不定期に働き不定期に休むのが講師業の特徴です。現役世代としては頭の痛いところで、休日に子どもの相手をしてあげられなかったり、平日に一人で暇をもてあますことも考えられます。

その一方で、平日の割引料金を活用して、安く旅行ができるチャンスにも恵まれています。子どもが義務教育の途中であれば、平日に家族旅行というのも難しくなりますが、定年前後の世代の子どもであれば、概ね大学生や社会人となっていることでしょう。子どもに有給休暇をとらせて家族旅行に行くことも考えられますし、そもそも子どもは手が離れているでしょうから、夫婦でアクティブに過ごすことの方が現実的かもしれません。

なお、筆者自身のことを申しますと、地方出張でのセミナーが多いため、講師業と旅行を兼ねて楽しんでいます。最近も南は鹿児島から北は北海道まで参りました。業務自体は数時間程度なので、残りの多くの時間は自由です。依頼元の方には申し訳ありませんが、旅行気分でその自由時間を楽しんでいます。運良く、両親の田舎近くで案件があった際には、セミナーの合間にお墓参りしたこともあります。年をとっても今の仕事を続けている予定なので、今後は講師業と家族旅行を兼ねる日もあるかもしれません。

少し話は脱線してしまいましたが、講師の業務内容そのものを考えても、定年前後の世代は有利です。まず、「昔を知っている」からです。

現在整備されている法律やルールは、過去の出来事や失敗を元に作られているものです。例えば、税制においても、かつて破られてしまった抜け穴を埋める形で改正や通達が行われます。

セミナーで税金について語る際、「〇〇は△△法が適用される」と説明しただけでは、単に教科書や資料を読んでいるだけと批判されてしまいます。このとき、「かつて、××という出来事があって、その後、〇〇は△△法が適用されるようになった」と説明することができれば、その説得力は何十倍にもなります。時代背景を知っている講師とそうでない講師では、評価も大きく異なることが簡単に想像できるはずです。

特に定年前後の世代は、日本の高度成長期、バブル期、そしてバブル崩壊と、日本の経済や社会の転換点をビジネスの中心で渡り歩いてきた方々です。それぞれの時代で何が起こっていたのかを身をもって経験してきたはずです。話の根拠を示す上で有利であることはこの上ないでしょう。筆者自身は、バブル期でも中学生に過ぎなかったので、当時の思い出を子どもの視点から語ることしかできません。そのため、時には書籍やネットで、当時の出来事を確認することもあります。

講演やセミナーで、意外と難しいのが質問対応です。受講者の中でヤル気のある人が、もっと知りたいと思って手を挙げてくれるので、往々にしてその内容はより深く難しいものであったりします。

中には、自分の方が優秀であることをアピールするために、一般の人には関係のないようなことを、わざと聞いてくる人もいます。ヒドいケースでは、講演の内容と全く関係ないことを滔々と語りだし、「結局のところ、質問になってないでしょ!!」と言いたくなるケースもあります。

このようなとき、年齢の高い講師であれば、「私も昔、こんなことがありまして……」と過去の経験をベースに回答することができますし、理解し難い意図の話を切り返すのも、現役時代のビジネスで慣れていることでしょう。

往々にして、若い講師であれば右往左往してしまうところを、年齢の高い講師はのらりくらりとかわすのが上手いようです。そもそも、日本人は年上の人を敬うように教育されていますから、年齢の高い「先生」を言い負かそうとする受講者はまずいません。

筆者自身の経験としても、何かしら意地悪な意図を持って質問をしてくるのは、自分より年上かせいぜい同年代の人です。自分より年齢が低い人は、本当に知らない、分からない、もっと知りたいという純粋な興味を持って質問してくるので、その対応に困るようなことはまずありません。定年前後の世代の人からすれば、終活セミナーでもない限り、受講者のほとんどが「年下」となることでしょう。

安心して質問に対応していってください。

体力面は大丈夫？

ただし、定年前後の世代の方が講師業でやや不利になる点もあります。それは、「立ち仕事」である点です。

座りながら講演したりセミナーを進行したりするケースは少ないです。昨今は、パワーポイントによるスライドを投影して話すことも多いため、その際は座ってパソコンを操作することもありますが、総じて印象は良くありません。学会等、専門家が集まる場所は別として、一般の人たちを前にして話す場合は、立って話すのが基本です。そのため、講師の多くが、無線でスライドを操作できるレーザーポインターを持っています。

筆者自身は、20歳代から立ち続けているので、特に問題はありませんが、現役時代にデスクワークを行っていた人が、何時間も人前で立ち続けていると疲労感を覚えるかもしれません。これに関しては、もう慣れてもらうしかありません。ただし、講師が2時間も立ち続けるようなことはありません。基本的に、受講者がそこまで集中できませんから、途中で10分程度の休み時間が設定されるはずです。連続して立っているのは、長くても90分といったところでしょう。

大学等では、100分授業というのが主流になりつつあるようですが、学生向けの講義であれば、「自分たちで考える」あるいは「ノートを書く」（スマホで写真を撮る学生が多くなっていますが……）時間を作るでしょうから、その間に座って一休みするチャンスがあります。

筆者の約15年の経験においても、「立っているのがつらいから講師を辞める」という人を見たことがありません。

前向きに考えれば、立ち続けることで足腰が鍛えられますので、自然と健康を維持することができるようです。

講師は時給がイイ？

公的年金だけで生活を維持するのが難しくなった現在、シニア世代の人たちはどのようにして収入を得ているのでしょうか？

世間に敏感なあなたなら、もうご存知のことでしょう。駐車場の警備員、工事現場の交通整理、ビルやトイレの清掃、このような現場で、シニア世代の方々を見かけます。筆者自身は、肉体的につらいことから逃げて生きてきたので、将来、こういった労働に身体が耐えうるのか不安です。

その他に、公共施設の管理といった業務もありますが、概ね時給は１０００円前後のようです。

地域に貢献し、同年代の知り合いも増えるという点で、とても有意義な仕事ではありますが、労働の対価として時給１０００円が見合うかどうかは、判断の分かれるところでしょう。

短時間労働者の年齢別1時間当たり賃金（男女計）

平成29年

年齢階級	1時間当たり賃金（円）	対前年増減比（%）	年齢階級間賃金格差（20〜24歳＝100）
年齢計	**1,096**	2.0	106.8
〜19歳	**944**	2.6	92.0
20〜24歳	**1,026**	2.3	100.0
25〜29歳	**1,098**	2.7	107.0
30〜34歳	**1,151**	1.9	112.2
35〜39歳	**1,153**	2.4	112.4
40〜44歳	**1,112**	1.8	108.4
45〜49歳	**1,099**	2.3	107.1
50〜54歳	**1,098**	2.1	107.0
55〜59歳	**1,094**	1.9	106.6
60〜64歳	**1,123**	2.1	109.5
65〜69歳	**1,134**	1.0	110.5

年齢（歳）	45.8
実労働日数（日）	16.1
1日当たり所定内実労働時間数（時間）	5.3
勤続年数（年）	5.8

出典：平成29年賃金構造基本統計調査（厚生労働省）

前ページの表を見て分かる通り、短時間労働を行う人に大幅な年功はうかがえません。いわゆるアルバイト的な労働の場合、時給1000円かそれに多少色がついた程度だというのが現実のようです。

一方、講師の業務で、時給1000円というのはまずありません。メイン講師をサポートする講師補助ということでは考えられますが、1時間、人前で話して1000円をもらうくらいであれば、ボランティアと考えて無料で行った方がいいくらいです。

実際の報酬は人それぞれですが、一般的なアルバイトよりも単価が高いのは間違いありません。準備等の時間を含めると、割に合わないと感じる場面があるかもしれませんが、それも最初のうちだけで、ある程度の実績を積んでくると、効率よく準備することができるようになります。

なお、厳密に比較したわけではありませんが、元々の時間単価が高いだけあって、昇給したときの金額もアルバイトに比べて格段に高くなっています。筆者自身の経験としては、契約してから半年程度頑張っていたら、依頼元から時間単価を3000円も引き上げてもらったことがあります。その意味でも、講師業は非常にヤリガイのある仕事であると言えます。

ただし、フリーランスであることには変わりないので、収入に偏りは発生します。特にゴールデンウィーク、お盆、年末年始にセミナー等を開催するケースは少ないので、極度に収入が少なくなります。

筆者の場合は、このような時期を利用して、書籍の執筆等に充てています。なお、今この文章を書いている時間は2018年のクリスマスイブ（天皇誕生日の振替休日）です（笑）。

講師業にはパターンがある

講師業にもいくつかパターンがあり、①講師専業、②士業等の業務と兼業、③

週末等の空いた時間のみ（主に会社員）と大きく分けることができます。この中で、③に分類される講師は趣味の一環として活動していると考えられるので、業務として行っている方は①と②に大別することができます。

①の方は、セミナーや講演の仕事がないと困りますが、②の方は士業で顧客を抱えているので、閑散期を恐れることなく講師業を続けることができます。例としては、社会保険労務士さんや行政書士さんによく見られます。士業とは言い難いのですが、筆者のようなファイナンシャルプランナーも同様です。若手の税理士さんが、ある程度の顧問客を抱えるまで、簿記の講師等で食いつなぐケースもよく見られます。

もちろん、誰もが講師で成功するというわけではありません。低い報酬のままの人もいますし、仕事がないと嘆き続ける人もいます。ただ、それはどの業種でも同じことで、特に講師で難しい状況にある人の場合は、明確な原因があてはまる人がほとんどです。普通の業務を普通にこなしていれば、年金収入に上乗せして生活を潤すくらいのことが、開業当初からできるはずです。

定年を迎えて、体力や精神面への不安を感じる方もいるかもしれませんが、講師業は一般の会社員の方々に比べれば、実働時間は明らかに少ない上、同じ満員電車に毎日揺られるようなこともありません。

いろんな人と出会い、様々な刺激を受けることもできます。それでいて、比較的高い報酬にありつけるのですから、セカンドステージの選択肢として避けて通るのはもったいないと言えるのかもしれません。

第2章

セカンドステージに先生を勧める理由

人生が延長された世代

現代において、定年後の人生を何も準備せずに笑顔で迎えられるような人は、ほとんどいません。多くの人は、不安を抱えながら会社を後にしていくのです。内閣府の調査によると、現在3割以上の高齢者世帯が、何かしらの不安を抱えて生活していることが分かります。3割程度かと思われるかもしれませんが、本当に不安な人は、この手の調査に協力する余裕さえないでしょう。その点を踏まえれば、不安の数字がより高くなることを想像できるはずです。さらに注目していただきたいのが、70歳以上の方々と60歳代の方々の違いです。より後の世代になるほど、セカンドライフに不安を覚えている様子がうかがえます。

実際、総務省「家計調査」でも、高齢者の夫婦世帯では家計の赤字が5万円以上になるというデータがあります。5万円もの赤字が20年も続けば1000万円以上の資産減少を招きます。不安になるのも当然でしょう。今後は、老後の生活

60歳以上の人の暮らし向き

	家計にゆとりがあり、まったく心配なく暮らしている	家計にあまりゆとりはないが、それほど心配なく暮らしている	家計にゆとりがなく、多少心配である	家計が苦しく、非常に心配である	その他
全体	15%	49.6%	26.8%	8%	0.6%
60〜64歳	13.7%	47.6%	30.4%	7.4%	0.9%
65〜69歳	15.4%	46.1%	28.9%	8.8%	0.7%
70〜74歳	13.1%	50.5%	25.7%	10.7%	0%
75〜79歳	15.2%	52%	25.8%	6.1%	0.9%
80歳以上	17.9%	53.6%	22.2%	6.1%	0.3%

出典:内閣府「高齢者の経済・生活環境に関する調査」(平成 28 年)
※調査対象は 60 歳以上の男女

高齢夫婦無職世帯の家計収入(2017年)

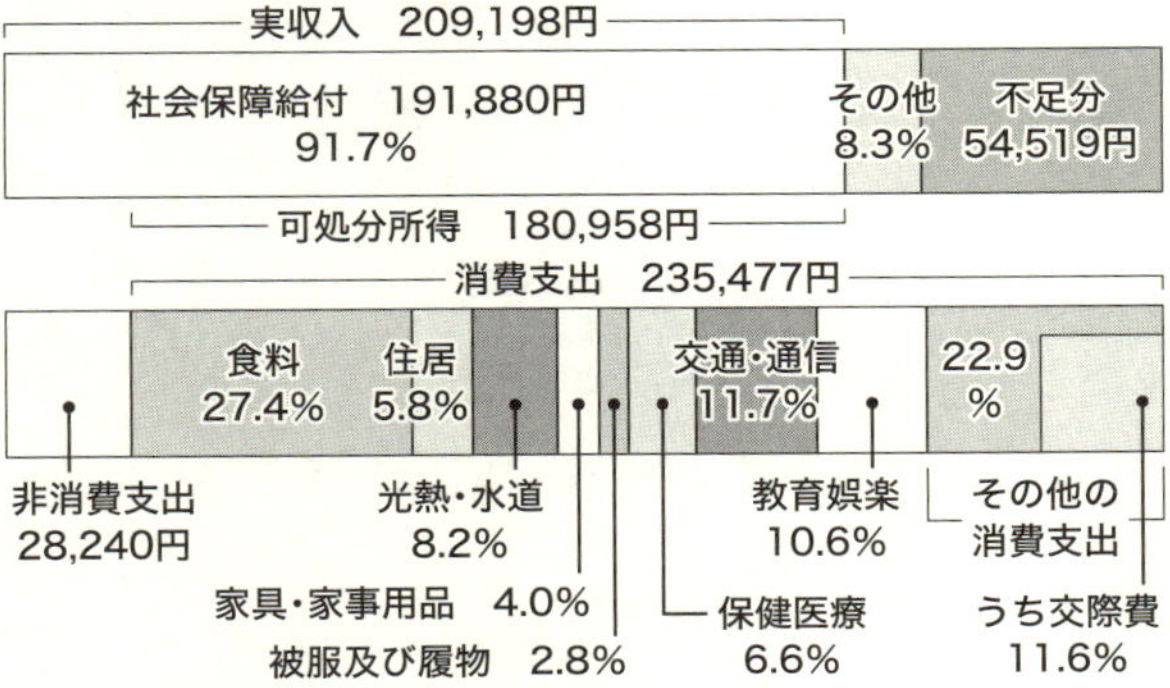

※高齢夫婦無職世帯とは,夫65 歳以上,妻60 歳以上の夫婦のみの無職世帯である。
※図中の「社会保障給付」及び「その他」の割合(%)は,実収入に占める割合である。
※図中の「食料」から「その他の消費支出」までの割合(%)は,消費支出に占める割合である。

出典:総務省「家計調査報告(家計収支編)平成 29 年(2017 年)
II 世帯属性別の家計収支(二人以上の世帯)」

のためにマイホームを手放すという人が続出するかもしれません。手放さないまでも、マイホームを担保にして借金を重ねる人が増えるかもしれません。なお、マイホームを使って生活資金を借り入れることを、リバースモーゲージと呼んでいます。アメリカではこの仕組みがかなり浸透しており、日本では社会福祉協議会（不動産担保型生活資金）や一部の金融機関が行っています。

残念ながら、国民年金（老齢基礎年金）や厚生年金（老齢厚生年金）だけで、老後の生活費をカバーすることはできません。それはあなたも感じていたことでしょうし、政府も十分に認識しています。だからこそ、個人年金保険の個人年金保険料控除や、iDeCo（個人型確定拠出年金）の小規模企業共済等掛金控除等の所得控除を適用することにより、若いうちからのセカンドライフに向けた資産形成を後押ししているのです。

しかし、定年を間近にした方々が、今さら資産形成をしようにも、時間的な余裕はすでに失っています。中には、まだ高校生や大学生の子どもがいて、教育費の負担によってすでに赤字状態という人もいるはずです。黙っていれば、老後破産の憂き目を味わうだけの結果が待っています。にもかかわらず、今後もお金を貯める余裕を見込むことができず、何もできずに不安におびえるだけの人もいるかもしれません。

ちょっと脅し過ぎのように見えるかもしれませんが、これからの老後が「お先真っ暗」と考えてもおかしくありません。現状でも年金受給額が少ないのに、実質的な受給額がもっと減るとも言われているからです。一般的に、約30年後には現状の水準よりも2割程度減ると言われています。

お金がなければ働けばよいと考えられますが、話はそんなに単純ではありません。それが「老老介護」です。子どもが60歳前後ともなれば、親の年齢は80歳代〜90歳代です。

若いころのように動かない身体にムチを打って長時間働いた後に、親の介護が待ち受けている、はたして、そんな生活を続けることができるでしょうか？　昨今は有料介護老人ホームが整備されつつあるので、親をそのような施設に預けておけば、介護に悩まされずに働くことができるかもしれません。

しかし、都市部ではまだ入所待ち状態の人が多いようですし、何より、介護施設は無料ではありません。介護保険が利用できるといっても、ある程度の自己負担が発生します。親が十分な年金や資産を有していない場合は、あなたの収入や資産を削る形となるかもしれません。

悪いことを想像したくはないかもしれませんが、できれば定年を迎える前に、セカンドライフの収支状況を推計しておいた方がよいでしょう。実際に計算してみると、想像以上に悪い推計が出てくるはずです。

なお、セカンドライフを精査した結果、亡くなるまでに資産が枯渇せず維持できるという人も安心できません。

現役時代のうちは、車を買ったり、子どもが大学に進学したりするようなときでもなければ、家計が赤字になるという事態を避けることができたはずです。特に、大手企業で安定収入を得ることができたような方はなおさらです。微々たるものと感じたかもしれませんが、預貯金等の資産は右肩上がりで増えていたはずです。

ところが、「普通の」セカンドライフでは、それらの資産が右肩下がりになります。これまで増えていた預金残高も、徐々に徐々に減っていくのです。あなたはそのプレッシャーに耐えることができるでしょうか？

そろそろ、私たちはセカンドライフのイメージ映像を、考え直すべき時期にきているのではないでしょうか。

20歳前後から働いて、60歳から65歳あたりでリタイア、その間に貯めた資産や退職金でセカンドライフを過ごす。これが戦後長くイメージされてきたライフスタイルです。昔で言うところの「隠居」にあたるかもしれません。

ただ、隠居などというのは、武士をはじめとする一部の特権階級だけが可能であったセカンドライフです。農家をはじめとする庶民は、おじいさんになってもおばあさんになっても、身体の動く限り働き続けていました。

いつの間にか、中流階級が特権階級と同じライフスタイルを得られるようになってしまった。それが、平成が終わるまでの日本の姿です。

あなたが「自分は大金持ち」を自認していないのであれば、動物や人間の原点として「働かざる者食うべからず」ということを思い出すべきでしょう。

確かに、バブルが崩壊するまでは、政府・年金財政に私たちの老後の面倒を見る余裕がありました。日本は世界で一番成功した社会主義国と揶揄されたくらいです。手厚い老後を提供してくれていたかもしれません。しかし、いよいよ日本も制度崩壊が近づいているのかもしれません。

「自分の身は自分で守る」。この意識をセカンドライフでも保つことが必要なのです。

シニア労働の支援制度が増えている

前述の通り、日本の年金財政が厳しいこともあり、政府はシニア世代の方々が働きやすいよう、様々な支援制度を用意しています。

会社員の方々であれば、60歳以降も嘱託等として働くケースを想定し、高年齢雇用継続給付金という制度があるのは周知の通りです。他の企業へ就職した場合でも、高年齢再就職給付金があります。

これらの給付金は60歳〜65歳の労働を想定したものですが、現在は65歳以降の労働も想定して、各自治体で様々な支援制度が整備されています。例えば、東京都では、シニア就労支援事業として「東京セカンドキャリア塾」というものがスタートしています。

これは、「新しい仕事にチャレンジする意欲のあるシニアが、セカンドキャリアに向けて楽しく学べる場を東京都が提供」(「東京セカンドキャリア塾」のホームページより）するものです。パソコンの使い方から英会話、起業の仕方まで約半年間のカリキュラムが組まれているようです。東京都ではこの他にも、シニア向けに派遣就労の募集も行っているようです。これらの制度を活用して、65歳以降もアクティブに働くことを検討してみましょう。

そして、さらに頑張って70歳以降も会社員等で働いていた場合、より有利になる側面があります。それは、厚生年金保険の被用者とならないことです。厚生年金保険料の負担がない分だけ、それ以前と同じ額面収入であれば、手取り収入が増えることになります。

感覚的な印象ではありますが、働く70歳以上の方は過剰なくらい元気です。本書の監修をしていただいている小澤俊雄先生は、本書の執筆時点で72歳とのことですが、背筋も伸びてとても70歳代には見えません。

手取りが増えることや健康維持をモチベーションにして、70歳以降も働くことを考えてみましょう。

起業する場合にも、シニア向けに様々な融資・助成金制度がありますが、厚生労働省が行っているものとして、「生涯現役起業支援助成金」が挙げられます。この助成金は、「生涯現役として働き続けられる社会の実現を目指し、中高年齢者（40歳以上）の方の起業を支援するもの」（厚生労働省のパンフレットより）ですが、起業した人が40歳～59歳の場合、助成金の上限150万円（助成率1／2）であるのに対し、60歳以上の場合は上限200万円（助成率2／3）となっており、シニア世代に有利な仕組みとなっています。

他にも、シニアが起業するときの融資をサポートする制度等もありますが、本書ではそこまでお勧めしていません。たとえ無担保でお金を借りることができても、返済のプレッシャーを考えると、よほどのモチベーションがない限り、シニアの方が健康的に事業を継続することは難しいと思われるからです。特に、これまで会社員として働いてきた方を想定すると、不安定な事業収入の中で融資返済を行うストレスに耐えられるのか不安です。

だからこそ、起業するのであれば、無借金でスタートできる講師業がちょうどよいのです。

講師業の良いところはキャリアを引き継げること

シニア世代と一括りに考えた場合、共通して持っている財産に「時間」があります。「雇用者側は、その「時間」という資産を狙って、シニア世代の労働力を活用しています。需要と供給がマッチしているのですから、それは喜ばしいことかもしれません。

しかし、あなたが長年培ってきた経験やスキルという、本当の財産価値をザックリと割り引かれているように感じられてしまうのが残念でなりません。もちろん、ヤリガイを感じてガードマン等の職務を行っている人もいるでしょうが、どこかその背中に「オレ、昔は部長と呼ばれてたんだぜ」と書かれているように感じるのです。

かねてより、日本のライフスタイルに疑問を感じているのは、

「どうして、60歳になったらキャリアをリセットしないといけないのだろう？」

ということです。

一部の会社役員を除き、多くの人は定年を迎えるとキャリアがリセットされてしまいます。昨日まで管理職だった人が、60歳になったと同時に契約社員（嘱託）として、かつての部下を上司と呼ぶのが典型例です。

もちろん、社会的な人材育成という観点では有効なのかもしれませんが、人生100年とも言われる現代において、60歳で一区切りをつけることに、個人的なメリットがあるのでしょうか。

定年を迎えた人たちは「定年」という呪文によって「60歳になったら、またイチから人生を再スタートする」という暗示をかけられてしまっているのかもしれ

ません。

筆者はもったいないと思います。本書を手にしている多くの方は、筆者よりも豊かな経験やスキルをお持ちのはずです。それが、少し年齢が高いというだけで、望外に安い報酬で働かされてしまうのではないかと懸念されるからです。

まだ残り40年もの人生が想定されるのにもかかわらず、今から自分を安売りして、気力や体力を維持することができるのでしょうか？

筆者自身は、楽しく働くことができているので、20歳代からアラフォーの現在に至るまで講師業をしておりますが、いくつになってもこの仕事を続けている予定です。ありがたいことに、講師としてのキャリアは何十年と増していく一方だからです。

では、あなたが、これから講師1年目を迎えたとして、筆者より不利になることがあるのでしょうか？　もちろん、「慣れ」という点では不利かもしれませんが、キャリアの点では不利というよりも有利と言えるくらいです。

①独立系ファイナンシャルプランナーとして講師経験豊富なA氏
②先週まで大手メガバンクの支店長だったB氏

あなたは、どちらの話を聞きたいですか？　どう考えても②でしょう。講師業の良いところは、それまでの「キャリアを引き継げる」ことにあります。受講者は、あなたのキャリアに期待感を抱きます。そこに立っているのは、単なるおじさんやおばさんではありません。何かを授けてくれそうな「先生」としてきらびやかに映るのです。

テレビのコマーシャルで「輝く〇十代」というのを耳にしますが、まさに仕事で輝き続けることができる点に、講師業の魅力があると言えるでしょう。後は、輝き続けることができる自分の魅力に気づくだけです。

セカンドステージとして講師業を行う意義

会社員として現役時代を謳歌してきた方を主に想定すると、現場仕事で40年という人は少ないのではないでしょうか？

当初は現場の経験を積んでいたでしょうが、中盤以降は管理職として、若手社員の管理や指導に明け暮れていたという方が多いことでしょう。

キャリアを認められた人が指導者となるのは、企業や社会における常識と言えるかもしれません。会社内ではそう呼ばれなかったでしょうが、実質的に「先生」にあたる仕事をされてきた方は、意外と多いのです。

ところで、子どものころの思い出を振り返ってみると、「先生」が主役のドラマに憧れた経験が、誰しもあるのではないでしょうか。「熱中時代」の水谷豊が演じる北野先生をカッコよいと思った人もいることでしょう。金八先生もカッコよく見えました。筆者はもう少し若い世代なので、「教師びんびん物語」を見て教師に憧れました。

これらの先生に共通するのは、若い世代の学生たちに影響を与え、より良い未来に導こうとする姿が演じられていることです。金八先生のころにはなかった言葉ですが、先生というのは、最も歴史の古いインフルエンサーなのかもしれません。

講師はまさに「先生」と呼ばれますが、大学や専門学校の授業であれ、企業研修の時間であれ、登壇しているときは唯一無二のインフルエンサーです。数十人から数百人の人たちが一斉に講師に目を向けます。そして、講師の発する言葉や板書によって、新しい知識を身に付けてレベルアップしていきます。

人生100年時代において、私たちの活力源として欠かせないのが仕事へのモチベーションです。毎年、毎年、新しい生徒との出会いと、その成長、常に変化のある授業内容を講師として伝え続ける喜び、講師の良いところは、このモチベーションをいつまでも保ち続けてくれることです。

監修の小澤先生は生徒から大変人気があるので、いまだに年賀状やプレゼントが届くそうです。先日見せていただいたグリーティングカードには、心のこもった感謝の気持ちが綴られていました。

また、旅行関係の講師をされていることもあり、空港のカウンター等で「先生、私です!!」と声をかけられることも多々あるそうです。自分が教えた生徒が、社会の現場で活躍している姿を見るのはうれしいものです。

筆者も、ある金融機関に紹介した生徒が、先輩社員となって会社のホームページに紹介されているのを見ました。そのときはとても誇らしく思ったものです。何十年後かに自分がこの世を旅立っても、自分と関わった人が社会で活躍してくれると思うと、何か足跡を残し続けることができたような気がします。


会社員として活躍してきた方は、社内での先生としてその影響力を発揮されて

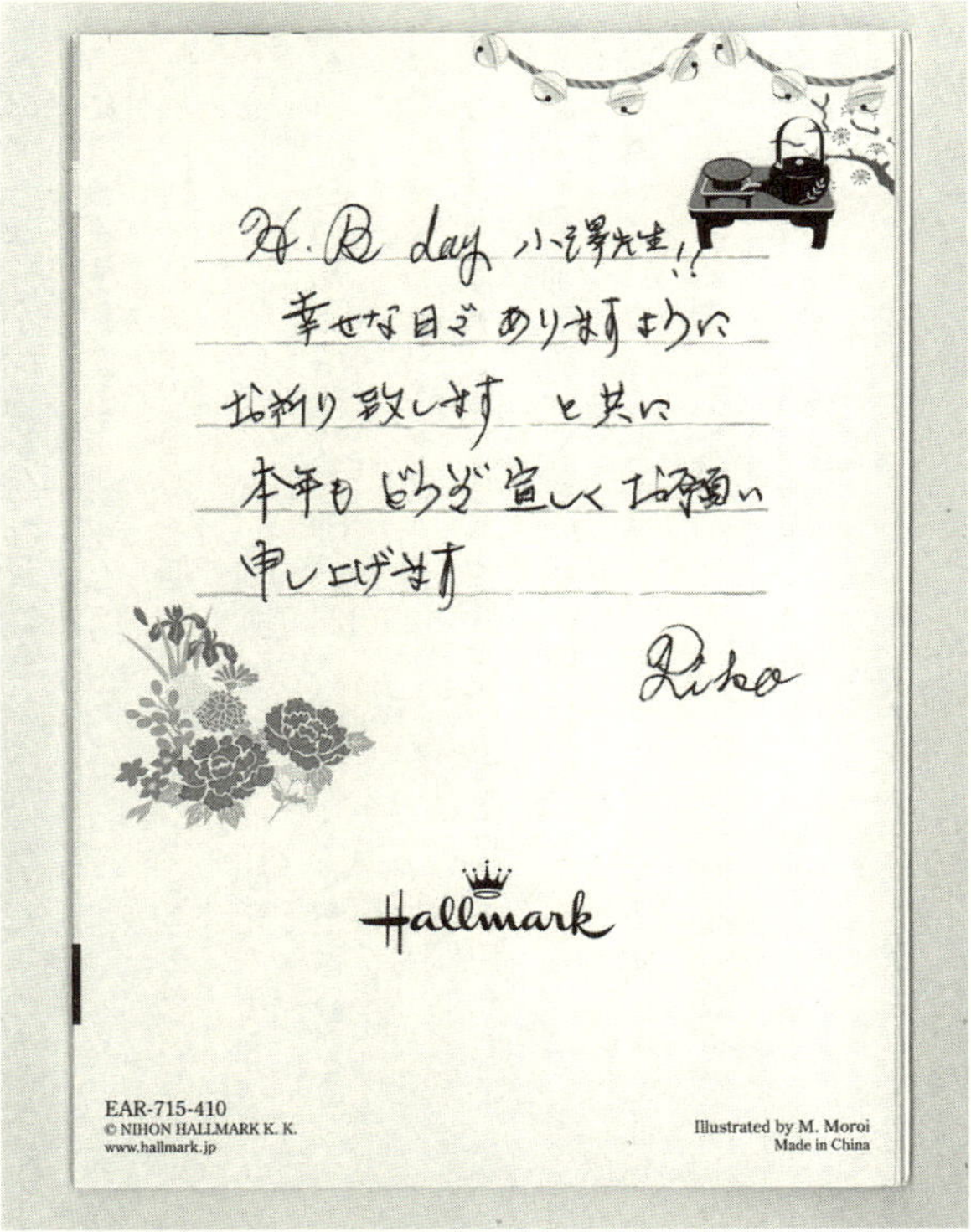

小澤先生が受け取った生徒からのグリーティングカード
©NIHON HALLMARK K.K.

きたのでしょうが、講師になればもっと幅広く、その力を提供することができるようになります。また、提供してもらえれば、社会がもっと豊かになってくれることも期待できます。単なる転職では認めてもらえないかもしれない「元○○社の△△長」という肩書きも、講師なら永遠に使えるキャッチフレーズになります。ぜひあなたの知識や経験を多くの人に伝えてください。

ただ、これまであなたが先生と呼ばれることにちょっとハードルを感じてきたように、受講者からすると、やや雲の上の存在と思われてしまうことがあります。そのため、講師が経験等を伝えただけのつもりであっても、「自慢している」と勘違いされてしまうことがあるので注意が必要です。その代わり、過去の失敗談のような話をすると「なぁんだ。先生でもそんな失敗をするんですか」と親近感を覚えてくれたり、概ね授業中は鉄板で笑いがとれるようです。

初期投資ゼロの講師業

何か新しいことを始めようとしたとき、特にそれがビジネスであれば、初期投資にお金がかかってしまいます。製造業を始めようとすれば、数千万円単位の設備投資が必要になるでしょう。サービス業でも、フランチャイズ店を始めようとすれば、３００万円程度の初期投資を求められることが多いようです。

初期投資を避けるのであれば、民芸品等の小物を作って販売することも考えられますが、生活費を賄うまでの売上を達成するには、長期間の修業をして、相当の技術を身に付けないと難しいでしょう。

つまり、多くのケースでお金あるいは時間の投資が必要となります。ところが、講師に関しては、そのどちらもほぼゼロでスタートできることを、ここまでご覧いただいたあなたであれば想像できるはずです。

まず、講師業に事務所はいりません。自宅にパソコンがあれば十分です。新しいビジネスを始めるときに、個人事業主でスタートするか法人を設立するかで迷う人がいますが、法人の設立は儲け過ぎるようになってから考えた方がよいでしょう。個人事業主であれば、確定申告もそれほど難しくないので、わざわざお金を払って税理士さんに手続きをお願いする必要もありません。

大企業で働き続けてきた方からすると、ビジネスの税務申告を自分だけで完結することに不安を覚えるかもしれませんが、そのような方は3月14日か15日あたりに税務署を覗いてみてください。「えっ？　この人も自分で確定申告しているの？」という普通の人がたくさん申告しています。

帳簿の作成も、昨今は安くて良い会計ソフトがたくさんありますので難しくはないです。帳簿の作成といっても、売上のほとんどは依頼主からの振り込みだけですし、経費のほとんどは水道光熱費の一部と旅費交通費です。その他の事業に比べれば非常にシンプルです。ただ、できれば日商簿記3級レベルの知識があるとベターです。

なお、簿記はビジネスの基本になるので、講座の依頼件数が多くなる傾向があります。そのまま簿記の知識を深めて、講師業務の一つに加えてしまうという方法も考えられます。

帳簿が仕上がってしまえば、後は国税庁のホームページ（確定申告書作成コーナー）を利用すれば、こちらも自宅のパソコンで簡単に作ることができてしまいます。65万円の控除もありますので、不安にならず青色申告をしましょう。

第3章で記す通り、「私は○○の先生です」と宣言すればスタートできるので、開業するのにあたって長期間の修業など必要ありません。もちろん、ある程度の練習はした方がベターですが、手に職をつけるといったほどの鍛錬は必要ありません。

何十万円か払うことで講師業のノウハウを教えてくれるサービスもありますが、これらのサービスを受けないとビジネスとして成り立たないということはありません。とはいえ、これらのサービスを否定するわけではありません。筆者の場合は、講師として働きながら、そのノウハウを様々な人から無料で教えてもらっただけなので、ある意味では時間がかかってしまった面があるのかもしれません。短期集中で効率よく指導してもらえるとも考えられるので、開業時の選択肢の一つとしてもよいでしょう。

ただ、年会費等を支払って講師登録するというケースはあまりお勧めできません。なぜなら、世の中の講師登録のほとんどは無料だからです。中には、講師派遣をメインに行っている派遣会社もあります。もちろん、こちらも無料ですし、企業研修を行っている企業も講師を集めていますが、登録料や年会費を請求するようなところはほとんどありません。これらの請求をされた場合は、その金額以上のメリットを確認してから登録を検討するべきでしょう。筆者自身は、講師業務に先立って何かお金を払った経験はありません。あったとしても、契約書の印紙代くらいのものです。

なお、ネット上で登録講師を紹介しているサイトがたくさんありますが、あれらも基本的に無料です。

初期投資がほとんどかからないからこそ、これまで独立したことのない人でも気軽に講師業をスタートすることができます。そもそも、セカンドステージで働く目的として、金銭的な事情があったことを忘れてはなりません。将来の生活費を補うために多額の投資をして失敗したら、余計に生活が苦しくなってしまいます。

講師以外でも、税理士や社会保険労務士等の資格をとって独立すれば、初期投資額としては安く済むかもしれません。しかし、これらの士業は事務所スペースを必要とするので、テナントを借りる費用が発生します。安く月10万円のテナント料で済ませたとしても、年間120万円もの出費です。顧問客が増えなければ赤字になってしまうかもしれません。これらを想像すれば、「身一つ」で稼ぐことができる講師業が、ランニングコストも含めて、いかにコストパフォーマンスが優れているかをご理解いただけるはずです。

せっかくなので、ホームページくらいは始めてもよいかもしれませんが、ホームページを持たない講師もたくさんいます。お金をかけて業者に頼まなくても、無料のブログでも始めれば十分に宣伝の役割を果たしてくれるでしょう。実際のところ、研修会社等がネット検索で講師を探すようなことはまずありません。紹介によって見つけることがほとんどなので、キレイなホームページがないと損するとまでは言えません。

講師業が伸長してきたら、法人を設立して事業を拡大することも考えられます。その理由の一つとして、定年前後の世代のあなたに、講師業でも定年のリミットがやってくることが挙げられます。

大学をはじめとする学校関係では、定年を設定しているところが多くなっています。70歳としているところが多いようですが、中には65歳定年としている学校もあるようです。講師業に慣れたところで契約が終了となるケースも考えられます。そのため、70歳を一つのめどに、自身が築いてきたノウハウを若い世代に引き継いでいくのも一考です。70歳以上でも講義できる学校もあるので、プレイングマネージャーとして活躍することもできるでしょう。

企業研修関係の講師では「定年」という言葉を耳にしないので、年齢に合わせて学校関係から企業関係の業務にシフトすることも考えられます。ただ、定年がなくてもセミナーで元気がないという評判が立てば契約が更新されないので、健康の維持は必須です。

法人として売上が拡大していれば、経営も若手に任せて株式配当金で悠々自適に暮らすことができるかもしれません。まとまった資金が必要であれば、その株式を譲渡して第二の引退を迎えることも考えられます。かなり欲張った想定になりますが、セカンドステージに夢を持って講師を始めることも有効でしょう。

もし、「自分には教えられるものが何もない」と謙遜されている方は、日本語教師から始めてみてはいかがでしょうか？　日本語教師になるための講座や検定もありますが、そうではなく、インターネットや喫茶店で英会話を教えている外国人先生の逆バージョンといったイメージです。

例えば、「JapaTalk（https://www.japatalk.com/）」というホームページでは、スカイプを使った日本語教師を随時募集しているようですが、特に資格等の所有を条件としていません。外国人の方に日常会話を実践的に学んでもらうためには、資格を持たない「普通の人」の方が都合よいケースも考えられます。気軽に始めてみて、面白さを感じたら資格等をとって本格的な日本語教師を目指すことも考えられます。

政府が観光立国を目指していることで、訪日外国人が増えています。加えて、いわゆる「入管法」が改正されたことで、２０１９年４月以降に外国人労働者が急増することも予想されます。今後、日本語教師の需要が高まることを想定すれば、将来有望かもしれません。

ローリスクハイリターンの人生

講師業は資金面でリスクが低いということは前述の通りです。設備投資やテナントの賃料等が必要ないので、失敗して多額の資産を失うようなリスクがありません。資格取得等にお金を使えば、その分が無駄になってしまうかもしれませんが、それでもせいぜい数十万円程度の損失でしょう。

定年前後の世代の方々にとって、失って大きなダメージを負うのはプライドでしょう。退職金をはたいて事業を起こし、廃業に追い込まれたら「失敗した人」という重い十字架を背負って生き続けることになります。アルバイトで働き始めれば、「生活が大変なのね。まだ借金を返しているのかしら」などと、近所で悪い噂を流されそうです。

講師はお店を出店するわけではないので、営業している姿を近所の人に見られないのがあたり前です。仕事が来なくて暇をしていても、「今、夏休みなんです」

と言っておけば周囲も納得です。もっと仕事が減ってフェードアウトしたとしても、定年で契約更新しなかったと言えば、それを失敗と悪意を持って蔑む人もいないでしょう。

通年の講座を持っていない場合でも、ビジネス経験豊富なあなたであれば、「学生たちに少し話をしてほしい」と教授からゲスト講師を頼まれることもあります。そのようなちょっとした時間でも、「先日は○○大学で話してきました」と胸を張って言うことができます。よほど面倒な人でもない限り、講座の中身やギャラの有無まで聞いてくることもありません。「先生」としての近所の評判は高止まりするはずです。

報酬に対する税金面でも、会社員として働く人よりも講師業は有利になっています。65歳になれば老齢厚生年金を受け取ることになるでしょうが、その際にもし会社員として給料を受け取っていると、その老齢厚生年金は在職老齢年金と名前を変えて減額されてしまいます。頑張って働けば働くほどに、年金が減らされてしまう仕組みです。概ね、1カ月あたりの厚生年金と給与報酬（賞与も含む）が併せて46万円を超えると、年金の一部が減額されます。

○基本月額と総報酬月額相当額の合計額が46万円以下のとき↓全額支給
○基本月額と総報酬月額相当額の合計額が46万円を超えるとき↓支給停止額＝（総報酬月額相当額＋基本月額−46万円）×1／2×12

大げさなことを言えば、現役時代並みに働いて月収46万円になると、厚生年金は1円ももらえないことになります。なお、老齢基礎年金に関しては、いくら働いても減額されません。

一方、個人事業主として講師をスタートした場合、その報酬は事業所得になるので、老齢厚生年金の名前が変わることなく、そのまま満額を受給することができます。「老齢基礎年金＋老齢厚生年金＋講師の報酬」を丸々受け取ることができるのです。つまり、働くことで年金を減らされるリスクがないのです。

ただし、あまりにも頑張って働き過ぎてしまうと、税金だけではなく国民健康保険料や介護保険料の負担が重くなってしまうことに注意しましょう。そのため、70歳以降に定年等で講師案件が減少することも想定し、あえて60歳代後半では老齢厚生年金や老齢基礎年金を受給しないことで、収入を低めに抑えておくことも一考です。その上で、70歳から繰り下げ受給とすれば、年金年額を増やすことが可能です。

なお、繰り下げ受給に関しては、あらかじめ宣言しないといけないというルールはないので、フレキシブルに選択することもできます。例えば、67歳で収入が厳しくなったら老齢基礎年金のみ受給開始する。68歳でさらに生活が厳しくなったので老齢厚生年金も受給開始するといった形で、そのときの収入の状況に合わせて選んでもよいでしょう。

また、収入のリスクとして頭に入れておくべきこととしては、「貸し倒れ」が挙げられます。依頼元の学校や企業が倒産することで、講師の売上が振り込まれないケースも考えられるからです。ただ、講師業の報酬のほとんどが月末締め翌月末払いです。よほどのことがない限り、売上が振り込まれないという事態に遭遇することはないでしょう。

ただ、かつて自動車学校や英会話学校が倒産して講師に対する報酬が不払いとなったニュースもありました。アニメ系の専門学校で経営に混乱が起き、民事再生手続きが行われたこともあります。公務員ではない以上、報酬が支払われないリスクはゼロではありません。特に昨今は少子化により、学校経営も厳しくなっています。勤務先の経営状態に目を光らすくらいのことはしておきましょう。

精神衛生面のリターンとしては、若い人たちと接することができる点が挙げられます。生意気な学生もいますが、講義を通じて10歳代や20歳代の若者と話していると、いつもよりテンションが高くなる自分に気づきます。監修していただいている小澤先生も「年の近い人たちとずっといっしょにいるより、若い人といっしょにいた方が楽しいよね」とおっしゃっています。

筆者は現在、学校関係の業務を減らしているのですが、医学的な根拠はないものの、学生と接する機会が減るようになってからハゲの進行が顕著になってきました。加えて申しますと、10kgも太ってしまいました。少しでも見た目を維持しようとする意識が欠けてしまっているのかもしれません。

なお、学校関係の仕事を中心としていた当時、35歳くらいであったにも関わらず、コンビニでお酒を買うときに年齢を聞かれたことがあります。自分自身が学生気分だったのかもしれません。

講師の間でも、年齢や得意分野が幅広いので、様々な人脈や情報を得ることができます。税理士の先生に税法の解釈で分からないことを教えてもらったり、マナーの先生に敬語の疑問点をうかがったりして、自分の知識の補充に役立てています。様々な分野の人が集まるので、懇親会等の場で会話が偏ることがありません。講師の同業者からも様々な刺激を受けることができます。

第3章

先生になるための準備

長年の実務経験という得難い実績

講師未経験の方には、「私なんて、何も話せることがない」と避け続けてきた方が多いようです。確かに、よほどの実績でもないと、人前でペラペラとしゃべることに気後れしてしまう気持ちも分かります。

ただ、誰もが驚くような実績のある人なんて、ほんの一握りしかいません。講師ができる供給と、講師をしてほしい需要のバランスで考えると、明らかに供給不足なのです。だからこそ、自分はそこまでのレベルではないと思っていても、案外、「いろいろと教えてくれてありがとう」となるのです。かえって、実績の凄い人の教える内容は、やり方が極端なものが多いので、一般人にはマネできないものばかりです。

今は「一億総講師社会」の時代だと感じています。誰でも講師になることができます。

現役時代に、任された仕事をこなしてきただけという人は、セカンドステージで講師を名乗ることに抵抗感があるかもしれません。しかし、あなたはその仕事で飯を食べてきたのですから、十分に元プロや講師を名乗る資格があります。長年の実務経験という、得難い実績を有していると自信を持ってください。

もちろん、社内ルール等の一般化できない知識もあるかもしれませんが、実社会で行われている一例として、十分にセミナー等で活用することができるはずです。

経験の洗い出しから始めよう

講師を始める際、最初に考えるべきことは「何ができるか？」ではありません。「何をしてきたか？」です。あなたが経験してきたことの中に、何かしら講師のネタになる情報が紛れているはずです。過去の経験の洗い出しから始めましょう。

洗い出す項目は、たった数カ月の経験でも見逃すことができません。自分自身では期間が短いと評価してしまいがちですが、教える相手が未経験者であれば十分に先輩と言えます。誰かに提出する書類でもないので、時系列に並べる必要はありませんが、現在から遡って全体を確認していくと思い出しやすいでしょう。時間が許すのであれば、高校や中学校の部活までも思い出してみるとよいでしょう。

経験の洗い出しが終わったら、今度は「何ができそうか」を考えてみましょう。ちょっとでも経験があれば、できそうなことは無限に広がります。

例えば、人事部の経験がある人は、大学生や転職者向けに就職支援の講師ができるかもしれません。面接官となった経験がなくても大丈夫です。人事部で働いたことがあるというだけで、十分に講師として活躍するチャンスがあります。

そもそも、採用スタイルは年々変化しています。かつてはリクルーター採用などが全盛でしたが、昨今はインターンシップによる囲い込み等が流行っています。

経験洗い出しシート

①これまでの経験

社会人

	業務	趣味	その他
23歳	○○社営業部食品販売	ゴルフを始める	
30歳	△△社経理部係長	麻雀	
40歳	△△社経営企画部課長	家庭菜園	
50歳	□□社人事部部長		
60歳			

学生時代

	所属	部活	アルバイト
16歳	○○高校入学	野球部入部 野球部退部 テニス部入部	
18歳	○○高校卒業 ××大学入学	テニスサークル入会	カラオケボックス 居酒屋
		テニスサークル部長	
22歳	××大学卒業		

②できそうなことリスト

できそうなこと	実現性	実現までの時間
就職支援講座	(高い)　やや高い　微妙	すぐできる　(短期間)　長期間
テニスのコーチ	高い　やや高い　微妙	すぐできる　短期間　長期間
簿記講師	高い　やや高い　微妙	すぐできる　短期間　長期間

③講座タイトル

分類	タイトル
就職支援	面接クリア講座　業界分析講座　転職講座
簿記講師	日商簿記３級取得講座　実践的決算書読み方講座

実際のところ、過去の経験を直接使えることはほとんどありません。その意味で、どの講師もスタートは横一線に近いのです。とりあえず、「人事部の経験がある」というだけで、スタートラインに立つチャンスがあるというだけです。

結局、就職支援の講師を行っている方々は、常に就職戦線に関する最新情報を取り入れなくてはなりません。基本的な情報は新聞や書籍で十分に手に入れることができますし、過去の部下等を頼ってある程度のことを聞き出せば、「時流に合わせたセミナーのできる講師」として評価されることでしょう。

もちろん、セミナーの内容は採用だけに限りません。「人事評価を上げる方法」「有給休暇を上手にとる方法」「パワハラにならない部下指導法」など、会社内で上手に生き抜く術であれば、いくらでも話すことができるはずです。

営業経験のある人は、教えることができる内容は幅広いと考えられます。何より、「モノを売る」という行為はどこでも溢れているため、教えることの普遍性が高いのです。あなたもある程度の受講経験があるかもしれませんが、企業側も販売力強化のために、受講料を負担して従業員に学ばせるケースが多いようです。

販売に直接繋がりそうな内容であれば、「1年で○○社開拓した営業マンのアポイント獲得術」「売り込まなくても勝手に売れてしまう営業」といった形でタイトルにインパクトを持たせれば、過去の経験を交えて少し工夫するだけで、90分~120分くらいの内容は簡単に作ることができそうです。実は営業が苦手で失敗ばかりだったという人も、その失敗談をまとめて体系化して示すことができれば、「しくじり先生」のように面白い講座が開けそうです。

派生した内容であれば、「営業現場で生きるマナー講座」「上司を納得させる報告書作成ポイント」など、とりあえず聞いておいて損はなさそうだなという講座も考えられます。営業のときにマナーを意識したことなんてないと思われるかもしれませんが、あなたが常識と思っていることが、今の若い人たちには新鮮な情報だったりします。

例えば、クライアントや上司に瓶ビールを注ぐとき、ラベルを上に向けて注ぐのは常識です。しかし、以前と比べて接待する場面が減ったため、若手社員が接待のマナーを学ぶ機会も減っています。社内の忘年会で上司が無理やり教えようとしたら、パワハラやアルハラと言われかねません。気の強い社員であれば、「今は業務時間外です!!」と突っぱねられそうです。いつか、誰かから教わるだろうと思っているうちに、彼らが非常識なまま年を重ねることにもなりかねません。

なお、筆者は学生時代にビールの注ぎ方を教わったのですが、その当時は、「ラベルが上を向いていようが下を向いていようが、味は同じだろう」と反抗的に学んだものです。しかも、昨今は未成年者の飲酒取り締まりが厳しくなっているため、大学でも「飲み会」という機会が減っています。

常識としてあたり前に身に付けてほしいことだからこそ、「先生」から正しく学んだ方が素直に受け入れてくれそうです。

世間にパソコンの先生がたくさんいるように、事務系のお仕事でも講師として活躍するチャンスがあります。「ビジネス英語講座初級編」という講座もよく見かけます。なかにはメールの書き方を教えるだけの講座まであります。昨今は、LINE等が普及したことによって、きちんとした文章を作って人へ何かを伝える機会も減っています。手紙を知る世代の人からすると滑稽に映るかもしれませんが、これらの需要はさらに高まっていくものと思われます。

あくまでも筆者の印象ですが、中小企業の若手社員よりも、大企業の社員の方が挨拶や電話の取り方がしっかりしていると感じています。退社したとしても、やはり大企業出身の方はビジネスマナーが染み付いている印象です。

一番の原因として、入社直後の社員教育が挙げられます。人材育成に資金を割くのが難しい中小企業では、数週間くらいで新入社員研修を切り上げてOJTに移りますが、大企業では1カ月くらい研修しているところが多いように感じます。中には、OJTと並行しながら3カ月程度のカリキュラムを用意している企業もあるそうです。

当然、時間に余裕があればビジネスマナーを詳しく教えることが可能となります。そのような企業は、外部のマナー講師を呼んで、お辞儀の角度からきちんと指導しているようです。

一般的に、マナー講師というと元フライトアテンダントの方をイメージされるかもしれませんが、中には夜の水商売の経験を生かしてマナー講師をされている方もいます。

まずはこれらのように、実現性は後回しにしながら、「これはできそうかな?」という候補を挙げてみましょう。結果としてその講座をやらなくても損はしませんし、今はできなくても数年後に「できそうな気がする」と自信がついているかもしれません。スキルの貯金として、最初に考えた講座のリストはとっておきましょう。

講師デビューへの道

ある程度、できそうなことを妄想したら、いよいよ本格的にできる講座を考えます。よほど真新しい企画でもなければ、似たような講座をやっている人はたくさんいます。運が良ければ、ユーチューブ等の動画にアップされているので、参考程度に見ておいてもよいかもしれません。まずは自分が考えた講座名でインターネットにて検索してみましょう。

さらに運が良ければ、その内容の講師を募集しているケースもあります。怯まずに応募してみましょう。

なお、似た内容の講座を見学しにいって、詳しく参考にするという方もいますが、これはあまりお勧めできません。講師が一人ひとり異なれば、「良い講座」の姿も講師によって異なるからです。

ありがちなのが、ＴＥＤのモノマネです。海外の有名人が大きなスクリーンをバックにプレゼンをする動画・番組ですが、これが流行ったことで、セミナー中にやたらと動き回る講師が増えるようになりました。ボディーランゲージを意識しているのでしょうが、あんまり動き回ると受講者が集中できません。ＴＰＯを考えずにマネして失敗する典型例です。

中には、ワイヤレスマイクだったのをいいことに、1時間のセミナーで、コンサートのように受講者の周りを歩き続けたという講師もいます。

現役時代に真面目な会社員時代を過ごした人もいれば、セクハラギリギリのシモネタで職場を明るくしていた人もいるはずです。元々のバックボーンが違う以上、同じことをやって同じ評価を得られることはまずありません。真面目な人は真面目な人柄を活かし、お調子者の人はその明るいキャラを活かしたセミナーを作りあげましょう。

そして、まずは一つだけで結構ですから、オリジナルの90分（または１２０分）セミナーを作ってみましょう。できれば、話す内容をイメージしながら、視覚的に分かりやすくなるよう、パワーポイント等を使ってスライドも作ってみましょう。

想像するに、あなたにとってものすごく大変な作業になるはずです。

筆者の場合は、もう慣れてしまったので、90分のセミナーであれば3～4時間程度でスライドを作ることができますが、初めてのころは丸一日かかってスライドを作っていました。90分～120分で話すことを考えるのも大変ですし、それを分かりやすくするスライドを作るのはもっと大変です。

大変ではあるものの、このハードルはクリアしておくべきです。詳細は後述しますが、オーディション（P110）の際に、「何でもいいから、オリジナルのセミナーをやってみて」と言われることが多々あるからです。言われてから急いで作ったようなセミナーでは、オーディションで落とされるのは間違いありません。講師を名乗ることを決めた時点で、オリジナルセミナーの一つくらいは作っておきましょう。

オリジナルセミナーができたら、できれば口の堅い親戚か友人に披露してください。もちろん、嫌だとは思いますが、何の練習もなしに他人の前で話せば、往々にして悪い評価を受けて、せっかくのチャンスを無にしてしまいます。恥ずかしさを押し殺して誰かに見てもらいましょう。それがどうしても難しいようであれば、ビデオカメラに録って自分で分析しましょう。

受講者の立場で確認すると、自分の弱点があからさまに見えてきます。早口、抑揚がない、スライドの文字が小さくて見えない、などなど。分かっている弱点をある程度克服した上で、仕事としての講師業はスタートしたいものです。

近道は資格の取得

世の中には様々なセミナーがありますが、絶えず続いているのが資格講座です。通年で何かしらの資格講座は開催されていることもあり、資格講師はいつもどこかで募集しています。基本的に、その資格を所有していれば第一関門は突破です。資格を所有していなくても、過去の実績等で「この人なら大丈夫」ということになれば、その資格専門学校に採用されることもあります。ただ、後者のケースは稀なので、やはりその資格をとってから応募するのが無難でしょう。

資格講師の良いところは、ある程度のフォーマットが定まっていることです。もちろん教科書がありますし、自分が合格した資格であれば、出題ポイント等も理解して臨めるはずです。

何より、資格所有者の先輩にあたるわけですから、よほど頼りない姿を見せない限り、尊敬の眼差しであなたを見つめてくれるでしょう。

ただし、昨今はインターネットをはじめとする通信講座が主流となっているため、資格専門学校の講師募集の広告を見つけても、簡単に採用される時代ではなくなっています。これらの学校の通信講座はエース級のベテラン講師が、その役割を担っているからです。とはいえ、資格専門学校では企業研修等の委託を受けているため、生講座で話すことができる講師の人員もある程度必要になります。そのため、常に講師の募集を続けているのです。

資格講師で、最もハードルが低いのはハローワークの職業訓練です。これは、離職者がハローワークの推薦を受けて、民間の資格専門学校等で学ぶものです。なお、受講者となる離職者は授業料を支払う必要がありません。簡単に言えば、失業期間中に資格等の勉強をして、次の就職に役立てようというものなので、ハローワークの方で受講料を負担してくれるのです。

実は、筆者もこの職業訓練の卒業生で、講座を通じてAFP（FP技能士2級）と2級企業年金総合プランナー（DCプランナー）を取得しました。このときに習った先生方の講義が面白かったことが、今筆者が講師を務めているきっかけです。この学校の良いところは、受講者がみんな失業者なので、時間に余裕のある者同士が集まっているという点です。しかも、受講者の年齢はバラバラで、当時25歳だった筆者が最年少、最年長は60歳代の方でした。老若男女が集まって、朝から夕方まで机に向かいます。必然的に仲良くなり、講師も交えて飲み会を開くのもあたり前でした。

講座の形態は学校等により異なりますが、筆者が学んでいた学校では、講師の先生方がチームを組んで、課目ごとに役割分担していました。特にファイナンシャルプランナーの講義は6課目に分かれているので、少なくとも6人の講師が必要になります（複数課目を兼ねるケースもアリ）。そのため、講師のスケジュールを調整しながら、そのクラスのカリキュラムが組み立てられます。どの講師も、他校での講義や実務に携わる時間があるため、このスケジュール調整が意外と難しくなってきます。

筆者は、このあたりの事情を前述の飲み会でうかがっていたので、CFP®（FP技能士1級）に合格すると同時に、チームリーダーの先生にメールを打ちました。

「CFPに合格したので、講師として私を使ってください」

そんな内容のメールだったかと思いますが、しばらく返事が来なかったような気がします。

しばらく経って、「来週、茨城県で講座があるんだけど行ってくれない？」という旨のメールが来ました。その後の顛末は、第1章で記した（P16）通りです。

当時の筆者が幸運だったのは、その資格専門学校がフランチャイズ校だったので、これといった面談や模擬講義がなかったことです。加えて、受講者の平均年齢が20歳前後と若く、あまりヤル気がない人が集まっていたので、クレームを言う元気もなかったということも挙げられます。後で聞いた話では、ヤル気のない姿に耐え切れず、前任の講師が逃げてしまったそうです。

いずれにせよ、筆者が採用されたのは自分自身の能力ではなく、チームリーダーの顔一つだったということです。

講師業は紹介が基本

実は、講師業の新規案件のほとんどが「紹介」です。前述した通り、公募によって講師を集めるケースもありますが、全体の数割程度といっても過言ではありません。

筆者も、開業当初はいくつかの資格専門学校や企業研修会社の講師募集に応募しましたが、かれこれ10年近くそのような活動を行っていません。ほとんど、紹介によって賄っています。

簡単な面接で

「○○先生が紹介するんであれば、大丈夫でしょう」

という一言をいただいて合格します。

講師もベテランになってくると、複数の学校や企業と契約することになるので、ダブルブッキングによって自分が業務にあたることができないケースや、付随する講座で他の人に頼みたいというケースが生まれます。

そのようなときに備えて、ベテランの講師はある程度のネットワークを築いているのが通常です。前述したチームリーダーの講師も、何十人という仲間を従えていたようです。

とはいえ、紹介していただいた講座で失敗してしまうと、その紹介者の顔に泥を塗る形となってしまうのは周知の通りです。紹介者のためにも一層の準備は必要になるでしょう。

なお、景気との関係性で考えると、資格講座は景気が悪いときほど活況を呈す傾向にあります。仕事を失った人たちに、学ぶ時間の余裕ができるからです。加えて、大学生たちも、良い就職を勝ち取るために、躍起になって資格取得に励みます。

ここ数年は、アベノミクスによって売り手市場になってしまったため、リーマンショック時のように、学生たちがシャカリキになって勉強する姿が減ってしまいました。大学等のエクステンションスクール（主に学生または聴講生等が資格取得のために学ぶ講座）でも、受講者が集まらず開講できなかったという話をよく耳にします。ただ、あらためて不景気がやってくれば、資格取得に注目が集まるかもしれません。

昨今は、資格の種類が増えてきたこともあり、上手く時流に乗れば、その資格の第一人者として有名になれるかもしれません。

なお、筆者が携わっているファイナンシャルプランナー関連では、相続に関する資格が乱立しています。

○相続アドバイザー（ＮＰＯ法人相続アドバイザー協議会）
○相続鑑定士（一般社団法人全国相続鑑定協会）
○相続士（ＮＰＯ法人日本相続士協会）

○相続診断士（一般社団法人相続診断協会）
○相続実務コンサルタント（一般社団法人日本相続コンサルティング協会）
○相続対策プランナー（一般社団法人相続対策プランナー協会）
○相続ファシリテーター（一般社団法人相続ファシリテーター協会）
○相続マイスター（一般社団法人相続マイスター協会）※五十音順

紙面の都合上、全てを挙げることができませんが、一部を挙げただけでもこれほどたくさんになります。シニアの方々は、親の相続等で実際に関わることも考えられるので、相続準備と講師経験のチャンスの一環を兼ねて、これらの資格をとることも考えられます。

ただし、相続に限らずその資格が廃れてしまうケースもあります。筆者が所有している1級企業年金総合プランナー（ＤＣプランナー）も、決して有名な資格ではありません。それでも、今はＤＣ（確定拠出年金）の講師を中心に活動しているので、飯の種としては十分に活躍してくれています。運営主体も日本商工会議所なので、2年に1度の研修では厚生労働省の方が制度改正等について解説してくれます。

資格には年会費等の負担が発生するので、受験の際にはランニングコストやアフターフォロー等も勘案して決めていきたいものです。

第4章　先生になって仕事を続けるには

講師の仕事を得る方法〜初級編〜

講師の仕事を得るために日ごろから行っていただきたいのは、「私は○○の講師です」と名乗ることです。まだ在勤中で講師を名乗ることができないのであれば、「退職後は○○の講師として活動する」と宣言をしておいてください。あなたが周囲の人から好かれていれば、何かしらの紹介をしてくれるはずです。「親戚が○○の講師をしている」「父親が△△社の研修担当をしている」「母親が××のイベントで講師がいなくて困っている」等、結果として業務に結びつかなかったとしても、あなたのセカンドステージへのはなむけとして、何か協力してくれようとするはずです。

ただ、現実的には講師を募集している各所へ応募することから始めることになるでしょう。インターネットで「講師募集」と検索すれば、様々な募集要項が表示されます。とはいえ、ちょっと面倒なのが、その募集の多くが「塾講師」である点です。もう少し絞り込んだ検索が必要でしょう。

筆者が独立した当初は、「FP講師募集」「ファイナンシャルプランナー講師募集」で検索をかけていました。そのときの応募がきっかけで、10年以上お付き合いしている会社もあります。

講師関連の検索をしていると、様々なジャンルの社会人講師を掲載しているホームページもヒットします（例：講師依頼.com）。これらのホームページに登録すれば、自分の名前が講師として表示されるようになるので、十分に一人前の講師であると胸を張ることができるようになるでしょう。

他の検索方法としては「セミナー企画募集」が挙げられます。この検索では特にカルチャーセンターの募集がヒットします。講師経験を増やすことを一番に考えるのであれば、このカルチャーセンターは有効活用した方がよいでしょう。新聞社系のカルチャーセンターからショッピングセンター系のところまで、運営主体がたくさんありますし、あちこちに教室が設置されています。

会社によっては、複数の開催希望地を選ぶことができるので、一度に複数の教室でセミナーの企画を検討してもらうことができます。

特に、カルチャーセンターで行っている講座は、資格講座から健康麻雀、楽器の演奏に至るまで幅広くなっています。自分がやってみたいと思う講座にチャレンジしやすい環境にあります。

加えて、新聞折り込みチラシに写真つきで宣伝してくれるので、知名度アップに役立ちます。筆者は、自分の顔よりも書籍を売りたいので、書籍の表紙を載せてもらっています。

デメリットとしては、受講希望者が少ないと、報酬が格段に低くなってしまう点が挙げられます。その場合、最小開催人数を設定しておけば問題ありませんが、独立したてのころは赤字になっても経験しておいた方がよいでしょう。人数が少ないと、会話しながら進行できるので、初めての講師でも講座の進行が楽になります。

カルチャーセンターの場合、その地域の友人同士で講座申し込みするケースも多いようです。同じ教室で継続していくつかの講座に通っている方もいるようで、教室内で友人になったというケースも聞きます。ある程度受講者同士の人間関係ができているケースが多いので、資格専門学校の講座に比べると雰囲気は柔らかい印象です。

カルチャーセンターと併せて利用したいのが、前述した職業訓練学校の委託講座です。本書を執筆するのにあたり、久しぶりに検索してみましたが、「委託訓練　講師募集」で調べると、かなりの数がヒットしました。

実は、景気が良いと講師の数が不足する傾向があります。理由は簡単で、若い講師たちが就職の道を選んでしまうからです。夜の講座であれば、会社に勤めながら講師を続けることも時間的に可能ですが、職業訓練は昼間に行われるので、会社員の方が兼業するのはほぼ不可能です。

また、ベテランの講師は大学等の講座に時間をとられているので、あらためて職業訓練を行うのは難しい現実もあります。よって、開業したばかりの講師が採用されるチャンスが膨らんでくるのです。

講座は「若年者のみ」「女性のみ」と限定されるケースもありますが、基本的には筆者が経験したような幅広い年齢層が集まります。筆者も職業訓練の講師を何年か務めましたが、どのクラスも牧歌的で楽しかったのを覚えています。

3カ月間の講座の中で、月に1回程度懇親会が開かれるケースも多いのですが、どの懇親会でも「先生、先生」と持ち上げてくれるので、気分よくお酒を飲むことができます。中には、「これが楽しみで講師をやってるんだ!!」と断言する講師もいます。

カルチャーセンターや職業訓練の良いところとして、早めにスケジュールが埋まる点が挙げられます。カルチャーセンターは、新聞折り込み等で広告する都合上、早めに講師の手配をする必要があります。

職業訓練も、ハローワークで数カ月前から企画・募集するので、講師の手配が早くなる上、課目によっては一気に数週間分のスケジュールが埋まることもあります。講師としてたくさんの経験を積みたい方にはピッタリの講座と言えるでしょう。

職業訓練等で講師の経験が増してくると、その他の講座での採用がより有利になってきます。生講座での経験を企業や学校が評価してくれるからです。

筆者の場合、職業訓練で講師をしていた会社が企業研修も行っていたので、保険会社の社員向けにCFP講座を担当するなどしていました。その案件は他社とのコンペだったので、コスト面で有利に立つために、筆者自ら講座を録画して編集したのを覚えています。

加えて、講師間でのネットワークもできるので、「○○で講師を紹介してくれと言われたから、やってくれない？」という話も多くなります。講師経験と共に、人脈作りの側面でも職業訓練は役に立つでしょう。

そしてこの後、「中級編」に入りますが、あらかじめポイントを言うと、この「紹介」が重要になってきます。

講師の仕事を得る方法〜中級編〜

カルチャーセンターや職業訓練での講座も、立派な講師です。近所で「私は先生をしています」と胸を張って問題ないでしょう。

ただ、正直なところをうかがえば、大学で教えたり、報酬の高い企業研修を多くこなしたいと考える方が多くなるのも当然です。もちろん、大学等でも講師を公募しています。ただし、大学の場合はそのほとんどのケースで「修士課程以上を修了」といった条件がつきます。

条件に合致すればそのまま申し込んでも結構ですが、学士までの人は門前払いの形となります。たとえ条件が合致していても、教授審査会等を通過しなければならないので、そのハードルは決して低くありません。公募によって大学の講師を務めるのは現実的に難しいと考えられるでしょう。それでも、公募ではない形で大学の講師になる方法はあります。

なお、本書を監修していただいている小澤先生は、恩師の力添えにより母校の専門学校で講師を始めたそうです。その後しばらくして、「ステップアップするために大学等で講師をしたい」と思い、旅行代理店に勤務していたときに知り合ってその後も親しく交流されていた某大学の主任教授の方に相談したところ、「せっかくだからうちの学生に教えてよ」と、鶴の一声でその大学の非常勤講師に採用されたそうです。

このことがその後、いくつかの大学や短大の講師になる大きなきっかけになったとのことです。現役時代の人脈が生きた典型的な例かもしれません。

小澤先生も「中学や高校で教えるためには教職員免許が必要。でも大学で教えるためには免許がいらない」とおっしゃっています。門戸は広く開かれていると言えるでしょう。

しかし、門戸が広い分だけ関所の審査が厳しくなっているところが、大学等の特徴です。そして、その関所を簡単に通過する通行手形こそ、まさに「紹介」なのです。

小澤先生のように、現役時代に幅広く人脈を築いてきた方は、あなたの退職を待ってましたとばかりに、「ウチの大学で教えてよ」ということになるでしょう。ただ、現実的にそのようなチャンスがいきなり舞い込んでくる人は少数派です。

実際は、講師として各所で実績を残す中で、ふと誰かから声がかかるというのが現実でしょう。

講師業には人間関係を大切にすることが不可欠

筆者もいくつかの大学や短大で講師をしたことがありますが、その全てが紹介です。修士課程に進まず学士で大学を卒業してしまったので、自ら履歴書を出して応募する資格がないからです。

講師業で最も大切なことは、「参考になる、面白い講座を行う」ことです。しかし、どんなに腕の良い講師であっても、その腕を見せる現場を与えられなければ、飯を食うこともできず退散する羽目に陥ってしまいます。

よって、皆さんが講師としてある程度の収入を得るためには、上手に講義を行う傍らで、上手に人間関係を築き上げることが欠かせないのです。

講師として活動する中で最も重要となるのは、講師同士の人脈です。仲の良い講師が増えるほどに、紹介のチャンスが増えるのは当然でしょう。

筆者自身も、知り合いの講師に案件を紹介することがありますが、やはり好きな講師から順番に検討します。どうしても、嫌いな講師に紹介するのは二の足を踏んでしまいます。結局、嫌ぃな講師を紹介することはほとんどないのですが、依頼元の都合により「えぇい、ままよ!!」と紹介すると、何かトラブルになって返ってくることがほとんどです。

総じて、良い講師は性格も良いです。ただ、稀に性格に難はあるけど講義は面白いという方もいます。このようなタイプは、よほど腕がないと生き残れないので、生き残っている方の実力は計り知れないものがあります。

つまり、相当の自信でもない限り、同業者、つまり講師同士では仲良くしておいた方が得策です。

多くの講師が集まる大学や短大、専門学校には、休み時間の控え室として「講師室」が用意されています。半期または通年でスケジュールが組まれているため、毎週同じ人と顔を合わせるので、だんだん話をするようになっていきます。もちろん、中には誰とも話さず黙々と講義の準備をする人もいますが、たいていは世間話に花を咲かせています。

そして、このようなあたり前のコミュニケーションが、後々大きな影響を及ぼすことになります。ある意味では、会社員の社内営業に近い感覚です。

監修をお願いしている小澤先生とも、この講師室で知り合いました。ある短大の講師室だったのですが、人見知りの筆者に優しく話しかけてくださったのが小澤先生です。一人と知り合えば、必然的にその輪は広がっていきます。基本的に、講師は話し好きなので、少し仲良くなればどんどん話しかけてくれるようになります。

もちろん、講師同士のコミュニケーションが面倒であれば、講師室に近寄らないという手もありますが、それを続けていては仕事が広がっていかないでしょう。

筆者は、特に「仕事を紹介してもらうため」という意識を持ったことなどありませんが、講師をしている人は変わり者、いや、面白い人が多いので、好んで付き合っています。ある専門学校で長く講師を務めたときには、学科内の講師による忘年会を企画するなどしていました。そもそも、直接的な利害関係のない間柄なので、他の講師と仲良くなって得することがあっても損することはありません。講師同士だけではなく、もちろん、学校の管理職の方との人間関係にも気をつけます。中には、講師としてのプライドなのか、横柄な態度で接する人もいますが、仕事をいただいている身としては、やや下手に出るのがベターかと思われます。

ある学校で管理職をしている人は、たいてい次の転職先も学校になります。学校でなければ研修会社です。よって、今の学校で嫌われていると、その人が転職した際に、

「あの講師にピッタリだけど、面倒な人だから紹介するのを止めておこう」

という判断になってしまいます。意外と狭い世界なので、あまり敵を作らない方が得策です。

自分にあった講師業を選ぼう

なお、筆者は現在、学校関係の業務をほとんど行っていません。20歳前後の人たちに教えるのは新鮮で楽しいのですが、会社関係の仕事が少なくなることで、実社会の最新情報を伝えることが難しくなってしまうからです。学生向けの仕事はしばらく休むことにして、現在は企業研修を中心に活動しています。

現実的な理由としてはもう一つ、報酬面での事情があります。大学等には夏休みや冬休みがあります。この間、無報酬になってしまうため、時間単価での違いが小さいとしても、年間で考えると企業研修の方がより稼ぎやすいのです。

主に行っているのは確定拠出年金（DC）の投資教育です。確定拠出年金とは、企業年金や退職金の一種で、従業員が老後のために資産運用する仕組みです。そのため、導入する企業側には加入する従業員に対する投資教育が義務付けられています。筆者は、年間の6～7割を投資教育の講師として活動しています。

他に近しい業務としては、投資信託の商品内容を伝える講師、ファイナンシャルプランナーの継続教育の講師も行っています。

ちょっと離れた内容としては、教育資金に関するセミナーも行っています。これは、主に保護者に対して奨学金制度や教育ローンの仕組みを伝えるものです。

これらの仕事のほとんどが、知り合いの講師からの紹介です。確定拠出年金の投資教育は、講師業務を斡旋する企業に登録してのものですが、登録後の業務に関しては、その後の実績等に応じて金融機関（運営管理機関）からの依頼を紹介していただく形になります。

企業関連のセミナーの登竜門として行われるのが、模擬講義やオーディション、あるいはデモンストレーションと呼ばれるものです。最初の面接と合わせて行われるのが一般的で、これをクリアすると継続的に講師の依頼が来るようになります。

オリジナルのセミナーを見せることもありますし、あらかじめ資料を渡されてその内容に沿ってセミナーを行うケースもあります。

どちらのケースでも、話し方から質問対応まで細かくチェックされます。入念に準備して全力で臨みましょう。

求められる講師になるちょっとした心配り

基本的に、どの業務に関してもメールで依頼・時間調整の問い合わせがきます。ここで、筆者が特に心がけているのは、1分でも早く返信するということです。連絡をしてくれた会社は、複数の講師の中から筆者を選んで依頼してくれたわけです。それにもかかわらず、すでに他の予定が入っていれば断ることになってしまいます。

当然、筆者が断れば他の講師に依頼することになりますが、信義上、断りの連絡を待たずに他の講師に打診することができません。筆者が断りの返事を遅らせてしまったがゆえに、他の講師のスケジュールが埋まってしまい、誰もその案件をこなすことができなくなるとすれば、大変な事態です。

このリスクを減らすためにも、早々の返信を心がけるようにしているのです。これを続けていれば、「あの講師はすぐに連絡してくれるから、とりあえず打診してみよう」と安心して連絡しやすくなるはずです。

企業研修の場合は、依頼から開催までの期間が短くなるのが通常です。通年で予定が組みやすい新入社員研修でも、1カ月前にカリキュラムが決まるというのがザラにあります。よって、クイックレスポンスが必須となるのです。

講師業の落とし穴

何のミスもなく業務を続けることができれば安泰でしょうが、現役時代の業務同様、それなりのトラブルは発生します。

ただ、講師としてまず避けたいのが時間のトラブルです。顧客とのアポイントに遅刻した場合は、頭を下げてひたすら謝れば許してもらえるかもしれませんが、講師がセミナー等に遅刻するのはご法度です。

そのため、企業研修等では開始時間の30分前に開催場所へ到着することがルールになっているケースが多くなっています。大学等の学校関係では「講義開始の○○分前に到着」とまで厳しく設定されないケースも考えられますが、できれば15分前、遅くとも10分前には講師室に待機していたいものです。

朝方は人身事故等により電車の遅延が予想されます。一般的な会社員の方の感覚では、電車遅延での遅刻は仕方ないと思われるかもしれませんが、講師の場合はそういうわけにはいきません。よほどの大事故でもない限り遅刻は許されないのです。

企業研修では30分前の到着がルールと記しましたが、ある意味では、「さすがに30分以上の遅延であれば、仕方ないよね」という言い訳ができる時間とも考えられます。なお、ある金融機関の業務では、50分前の到着を義務付けられたこともあります。

遅延で厄介なのが雪です。雪の場合、普通は遅延を見越して早めの出勤を行います。そのため、問題なく開催場所の最寄り駅までたどり着けるのですが、タクシーに乗ることを予定していた場合に狂いが生じるのです。大雪のときはタクシー乗り場に大行列ができるため、乗るまでに何十分と待つことになってしまいます。

筆者は以前、茨城県つくば市での企業研修の際、タクシーを待つ余裕がなかったため、雪の上を20分以上も走り続けたことがあります。走ったことで開始時間には間に合いましたが、髪もスーツもボロボロの状態での進行となりました。

また、恥ずかしながらうっかり時間を間違えたというのを1度経験しています。時間変更が重なったというのもあるのですが、結果として30分の遅刻を招き、その分の時間を短くして話しました。筆者自身は書いていませんが、依頼元の会社は顛末書等を提出したものと思われます。

好事魔多しとよく言いますが、講師の場合は調子が良いときほど、このような落とし穴が潜んでいると感じられます。

仕事が順調にこなせるようになってきて、書籍も出版しいくつか雑誌の取材もいただくようになったころです。筆者宛てに出版社を名乗る会社から電話がきました。

「○○という雑誌の出版社なんですが、あなたを取材させてください。取材料は5万円です」

宣伝をしてくれる上に、お金まで払ってくれるのですから、悪い話ではありません。何も考えずその取材を受けてしまいました。

しばらくして、あまり有名とは思えないベテラン女優さんを連れて、その出版社の方がやってきました。

20分程度質問を受けて、次の仕事があるからと女優さんは先に帰ります。そして、出版社の方は言いました。

「それでは、取材料の5万円を○○までにお振り込みください」

「……えっ!? 私が支払うんですか？」

どうやら、取材料という名の広告費だったようです。腹は立ったものの、相手の手際の良さから、騙された自分自身を責めるようになりました。そして、素直に5万円は振り込みました。後に会社名で検索をかけてみると、予想検索で「取材商法」と出てきました。

なお、あまりにも恥ずかしいので、本書に記すまでは黙っていました。ただ、時折知り合いが「芸能人の○○さんが取材に来てくれますっ!!」とSNSでつぶやいているときには、「それ、お金がかかりますよ」と、こっそり教えてあげるようにしています。

講師業は自分の腕や顔を売る商売なので、どうしても自己防衛が緩くなってしまう側面があります。「名前を売るチャンスだ！」と飛びつかずに警戒しましょう。

要望を言いやすい講師でいよう

講義の中で注意すべきこととしては、やはりパワハラやセクハラ関連のものが多くなります。40歳代以上の男性では、いまだに「女性は将来、結婚して子どもを産むもの」という固定観念がこびりついているケースがあります。つい、その考えが垣間見えただけでも、後々問題視されることがあります。

「早く結婚して、早く子どもを産みましょう」

こんなことを言ったら一発でアウトです。また、政治や宗教に関する話もできるだけ避けた方がよいでしょう。本来、法律改正に関する話は、政治と絡めた方が理解しやすいのですが、どこかの政党を悪く言ったように聞こえただけでもクレームとなりかねません。セミナーや講義が盛り上がってくると、つい調子に乗って皮肉の一つでも言いたくなるものですが、できる限り我慢しましょう。不意の一言が命取りとなります。

また、講師としてのキャリアに自信を持ってくると、周囲の苦言に耳を傾けなくなってしまう傾向があります。自分が主役のような状況で仕事をする機会が多いため、少しワガママになってしまうようです。

会社員のように、いつも上司に見張られているという環境ではないこともあり、たまにクレームがきても「あの受講者がおかしいだけ」と突っぱねることもできてしまいます。

筆者自身もつい先日、久しぶりにセミナーを聴いていただいた金融機関の方から、「早口になっている」と注意されました。所々で修正しておかないと、自分の欠点がより大きくなってしまう危険性があります。

第1章でも触れましたが、学校をはじめとする依頼主が、面と向かって「ああしてほしい」「こうしてほしい」と何度も注文をつけてくることは稀です。原因の一つとして、講師はどうせ言うことを聞かないというのもあるのですが、講師のプライドを考えると細かく注文をつけづらいというのが本音のようです。

結果として、講座の再編等の理由をつけて契約が更新されなかったり、さりげなく次の依頼がこないといった形でフェードアウトされてしまいます。後々、「どうして?」と問い合わせる講師もいるようですが、本当のことを教えてくれることはまずありません。結局、修正すべき点が分からぬまま仕事が減ってしまうのです。

そのような事態を避けるためにも、「要望を言いやすい講師」として、やはり日ごろからコミュニケーションを図っておくことが大切です。「注意」とまではいかなくても、「〇〇って噂が流れてますよ〜」「一部、××って言う受講者もいるんですけどねぇ。あんまり気にしなくてもいいですよ」と、ジャブ程度の要望を伝えてくれます。それらを単なる会話として聞き流さず、しっかりと受け止めて修正していけば、契約が打ち切られるようなことも避けられるでしょう。

大学教授への道

先生と呼ばれる人の中で、最も重みのある肩書きは、やはり「教授」と言えるでしょう。医療系のドラマでも、教授選挙が舞台になることがしばしばあります。教授を一つのゴールと捉える人もいるはずです。

しかし現実的に、努力すれば誰でも手に入れられる肩書きというわけでもありません。ある種の運も味方しないと難しいと言えるでしょう。

なお、定年前後の世代が教授を目指すのであれば、左記の2つのルートが考えられます。

①大学院に入学し、学位をとって教授を目指す
②現役時代の実績を評価してもらい、教授としての推薦を受ける

まず、①のルートに関して、あなたが定年退職してからでは時間的に厳しくなります。もし、学士のみで大学を卒業していた場合、修士で2年間、博士で2年間学ぶと、それだけで4年が経過してしまいます。そもそも、4年で博士になれるという保証もありません。

中には65歳を定年とする大学もある中で、60歳前半を大学院で過ごすというのは、時間的にかなり大きなロスと言えるでしょう。

よって、①のルートを選ぶのであれば、50歳代前半のうちに退職し、学位の取得を目指しながら、非常勤講師等で経験を積んでおく方法が考えられます。もし、退職しないのであれば、大学院の夜間コース等で学位を取得することも考えられます。

なお、大学関係の教授等の採用に関しては、各大学のホームページ等にも記載されていますが、まとめて探す場合は左記のサイトを活用すると便利です。

国立研究開発法人科学技術振興機構
https://jrecin.jst.go.jp/seek/SeekJorSearch?fn=2&jobkind=00013

博士等の学位を有していなくても、②のルートのように、あなたの実績が認められることで教授になるチャンスもあります。

ただし、世間でイメージするところの教授の場合、学生たちの論文を評価する等の業務が発生します。学位がなくても、ある程度の論文もしくは論文に相当する書籍等の実績を示さないと、教授会で承認されることは難しくなってしまいます。特に有名な大学ほど、そのハードルは高いと言えるでしょう。客員教授や特任教授という肩書きであれば、ゼミ等のクラスを持たないケースもあるので、論文の経験がない方は、そちらの肩書きを目指すことも考えられます。

比較的、教授の肩書きを得やすいのは短期大学、あるいは専門学校から派生した地方の大学です。中には、専門学校を卒業した生徒が先生となり、そのまま出世して教授の肩書きを得るケースもあるようです。

学校側としても、大手企業の出身者から実践的に学ぶことができる、という宣伝材料になります。あなたに教授に就任してもらうことは、十分にメリットがあると言えるでしょう。

講師としてのステップアップ

大学を例に考えると、博士等の学位があったとしても、学長や教授会との太いパイプでもなければ、いきなり教授に就任するというのはかなり難しいケースです。基本的には、左記のようなステップを踏むのが一般的です。

助手として教授をサポート＋研究＋非常勤講師➡専任講師➡准教授（助教授）
➡教授

本来は、大学院を卒業した後、助手を務めながら研究し、その研究成果が認められて准教授や教授にステップアップするのが王道です。そして彼ら研究者も、先生としては非常勤講師から経験を積んでいきます。

ところが、定年前後の方々にはビジネス経験をバックに、助手としての修業を飛び級できるチャンスもあるということです。しかし、大企業の管理職という肩書きくらいでは、そのチャンスを得ることは難しいでしょう。

早い段階から教授までまとめて飛び級を狙うのであれば、現役時代に行っているビジネスを体系化して把握し、第三者に学問として伝える準備をしておいた方がよいでしょう。

現実的に、大学院からずっと大学に残って研究している若者に比べれば、基礎学問の面で不利になります。不利な土俵で勝負するのではなく、現実のビジネス経験という、差別化した土俵で教授会に評価してもらえる情報を整理しておくとよいでしょう。

第5章

セカンドステージを見据えた行動

定年退職と早期退職

ここまで、セカンドステージとしての講師業について解説しました。講師業を勧める理由と、どうやったら講師業に就くことができるのか、お分かりいただけたと思います。そこで実際に講師になることを見据えた上で、あなたのセカンドステージをどうするべきかについて解説します。

かつて、「早期退職するか？　それとも定年まで我慢するか？」という論争が居酒屋の各所で行われていました。今すぐ会社を辞めれば、割り増しされた退職金を受け取ることができます。かといって、会社を辞めてしまうと給料がなくなってしまいます。どちらが得だろうかと、50歳前後の方々を中心に真剣な議論が行われたものです。

ところが、昨今は「早期退職」の言葉を耳にすることがほとんどありません。

アベノミクスによる人手不足が深刻的な状況の中、あえて退職金を割り増してまでベテラン社員に辞めてもらおうと考える企業が少なくなったからです。

このようなときに50歳代で会社を辞めたら、単なる中途退職です。退職給付規程によっては、退職金が減額されてしまうことさえあるかもしれません。割り増しされるというのはもってのほかでしょう。

60歳以降も嘱託として働き続ける人も増えていますし、中には、定年を65歳までに延長した企業もあります。昨今は、より長く今の会社で働くというのがトレンドのようです。

ここで、あらためて考えていただきたいのが、今の状況がこの先、5年後、10年後も続くのかということです。確かに、シニア世代の完全失業率は低下傾向にあります。ただ、逆の見方をすれば超低水準にあると考えることもできるのではないでしょうか?

完全失業率

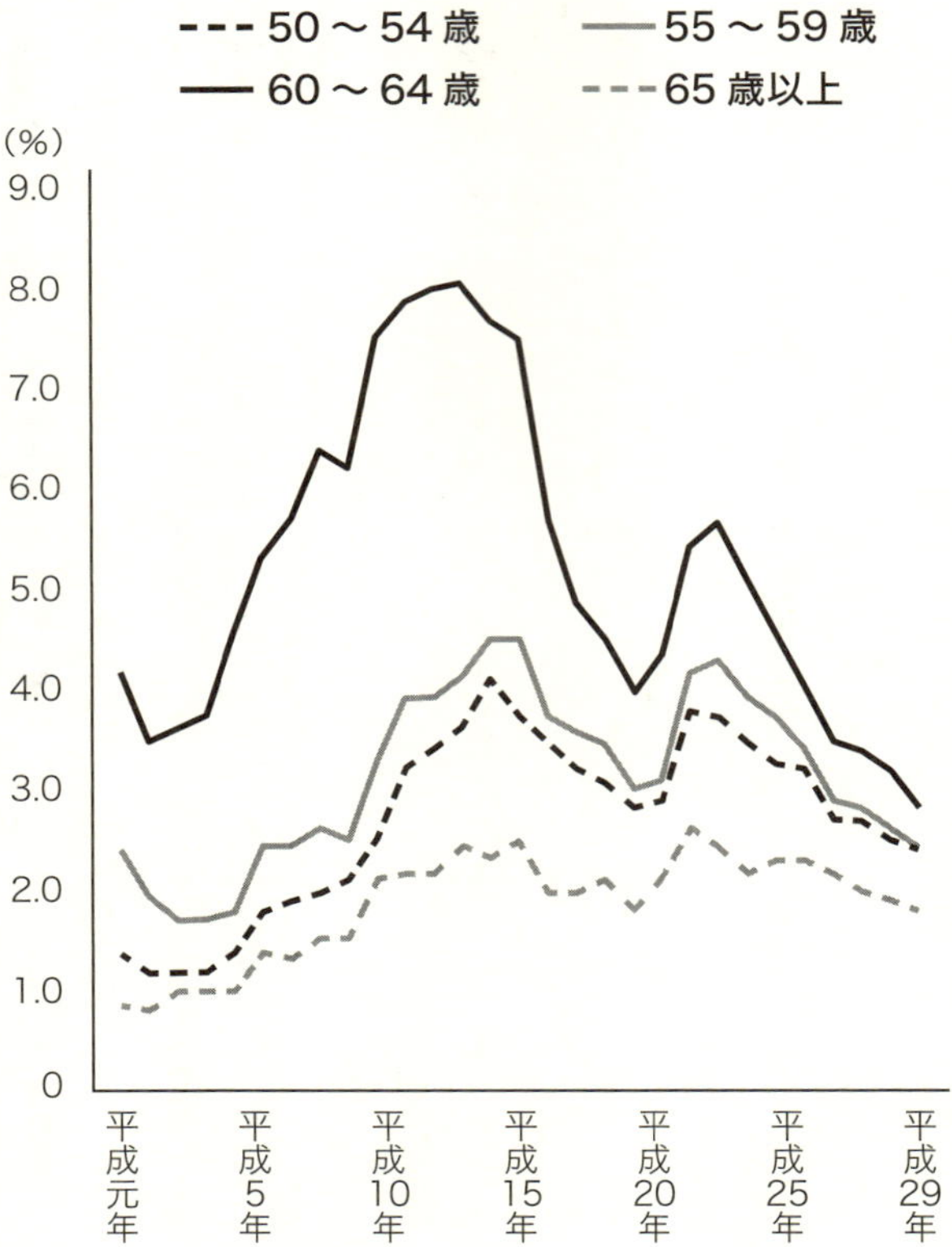

※数値は総務省統計局『労働力調査』より作成

あらためて、現在の人手不足の原因を考えてみましょう。その一番の原因は円安です。日本銀行による異次元の金融緩和によって、現在はかなりの円安水準です。本書執筆時点で1ドル＝110円前後なので、数字として円安とは感じないかもしれません。しかし、リーマンショック以来、アメリカの物価が着実に上昇してきたのに対し、日本の物価はほんの少し上がった程度、実質的には横ばい状態です。

そのため、物価上昇等を加味して考えた実効為替レートでは、超円安と言っても過言ではないのです。

この円安のおかげで、日本の景気は輸出産業を中心に回復しました。しかし、同時に起こっていることとして、ドルベースで考えた場合の日本の労働賃金が下がっていることも挙げられます。結果、以前に比べて日本企業が海外進出を控え、日本国内で人材を確保するようになりました。つまり、相対的に私たちの賃金が安くなったから雇用が増えているだけなのです。

為替相場の推移

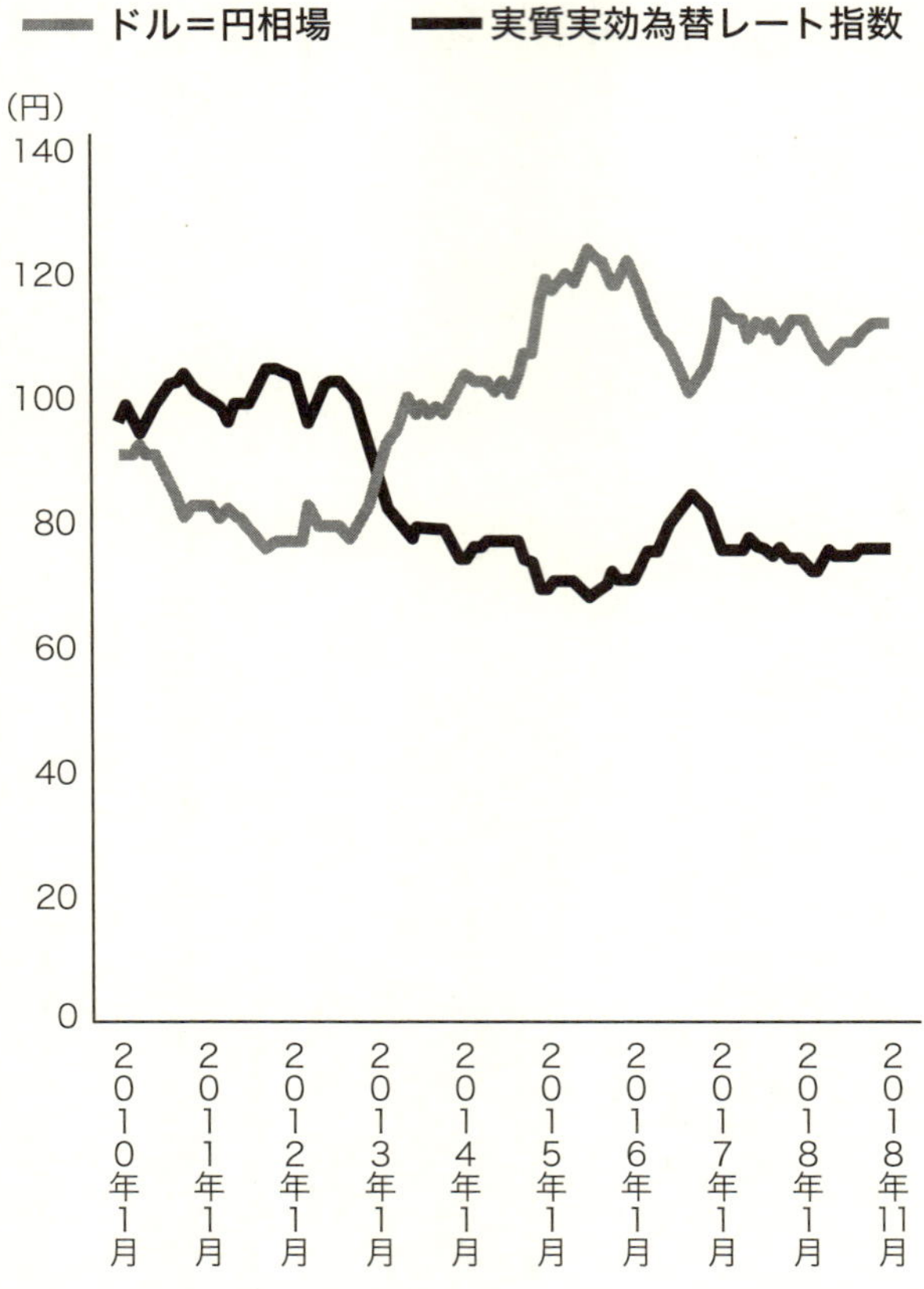

※数値は日本銀行『時系列データ検索サイト』より作成

為替相場が円高に反転すれば、ドルベースで日本の労働賃金が割高となり、現在の売り手市場が終焉を迎えてしまうかもしれません。さすがに、現在50歳代後半の人が急いで早期退職を検討する必要はないと思われますが、50歳代前半の人は労働市場の変化に注目しておく必要があるでしょう。

あらためて、セカンドステージの選択肢は大きく3つに分けることができるでしょう。

①50歳代のうちに会社を退職する（中途退職・早期退職）
②60歳で会社を退職する（定年退職）
③65歳まで会社に残る（嘱託として継続雇用または定年延長）

現在のトレンドが③であることは前述した通りですが、これは平成24（201

2）年に改正された高年齢者雇用安定法に、各企業が対応したことによって整備されたものです。法改正の目的の一つは、「公的年金を満額受給できるまでは働けるように」することにあります。

それ以前は、60歳～65歳の期間を「空白期間」と呼んで、いかにしてこの5年間をやり過ごすかが問題になりました。雇用環境が好転したことも相まって、65歳までの生活を不安視する声は少なくなってきたのが現状です。

しかし、この高年齢者雇用安定法で見過ごされている点が一つあります。それが、「65歳以降に公的年金を受給できても、それだけでは生活費を賄いきれない」ということです。どうせ65歳からは老齢基礎年金や老齢厚生年金があるんだから、働けなくなってもいいだろうという、政府の楽観的な考えが透けて見えるのです。

ところが実際は、第2章で確認した通り、公的年金の収入だけでは生活を維持することができません。資産を食いつぶしながら暮らしていく計算となります。よって、収支のバランスを維持しながら暮らし続けたいのであれば、65歳以降も働かなくてはならないのです。

それにもかかわらず、あなたが③のパターンを選び、長年勤めた会社に65歳まで所属し続け、65歳から新たな会社や新たな仕事にチャレンジすることができるでしょうか？

それまでのキャリアを活かせるような仕事に就くことができればよいでしょうが、現実的には単純作業を中心とした業務をあてがわれるリスクの方が高いのではないでしょうか？

自ら投資して65歳から起業することも考えられますが、投資資金の回収期間を考えると、かなり不利な状況でスタートしているとも考えられます。平均寿命（男性約81歳、女性約87歳）から逆算すると、16年～22年程度働ける計算となりますが、亡くなる直前まで元気な人は少数派でしょう。

健康上の問題で日常生活が制限されることなく生活できる期間とされている健康寿命は、男性で72・14歳、女性で74・79歳（平成28年　厚生労働科学研究費補助金の研究班による算定）です。健康寿命から逆算すると、7年〜10年程度で結果を残さなければなりません。

よって現実的に、65歳からアクティブにチャレンジするというのは厳しい選択と言えるでしょう。

その点で考えると、セカンドステージで何か新しいことを始めたいのであれば、②の60歳定年がタイムリミットと言えるかもしれません。厳しい言い方をすれば、不安だからと安易に③の道を選んでしまうと、その瞬間に新しいチャレンジの道が閉ざされるとも考えられます。

もちろん、③の道を否定するわけではありません。ギリギリまで働いて、その後はつましくのんびりと過ごすのも、人生の選択肢として決して悪くないでしょう。あくまでも、何かにチャレンジしたい場合には不利であろうというだけです。

将来を見据えた選択を考えよう

　このように、期間的な有利・不利で考えると、①の選択が最も有利であることが見えてきます。体力的にも、50歳代であればまだまだ充実している方が多いことでしょう。

　退職金がやや少なくなるかもしれませんが、定年まで働かなくても、25年〜30年程度の勤務期間があれば減額しないとする企業も多くなっているようです。また、50歳以降の勤務期間については、退職金に積み増されるポイント等が少なく設定されている会社も多いようです。あらためて退職給付規程を確認してみると、「これから数年働いても、退職金は大して変わらないな」と感じることがあるかもしれません。中途退職する・しないにかかわらず50歳代の人は退職給付規程を1回は読んでおきましょう。

　ただ、退職金の減少が小さかったとしても、50歳代の人が早期退職の道を選ぶのはかなり厳しいでしょう。一般的なライフプランを考えれば、子どもがまだ大学生や高校生としてお金がかかるかもしれないからです。

配偶者や扶養家族を抱えている状況で、「会社を辞めて独立するよ」と言っても家族に喜んでもらえることはまずないでしょう。筆者が家族だったら止めると思います。退職金が割り増される等の明確なメリットが見えなければ、ヤル気になっている本人以外が反対するのは明白です。

ただ、反対する人たちが、10年後、20年後のことまで見据えているのかは別の話です。多くの人は、とりあえず今が安泰であれば、将来のことは何とかなるだろうと楽観視しています。不安を口にしていても、国をはじめとする誰かが何とかしてくれるだろうという淡い期待も胸に残っているようです。

ところが、社会の第一線で活躍されてきたあなたであれば、約束されたように見えた将来が、次々と裏切られてきた現実を知っているはずです。年金受給開始年齢の引き下げ、実質的な受給額の減額などは、その最たる例です。その危機感があるからこそ、「早く動き出さないといけない!!」と定年を前にして早期退職の決断が頭を過ったのでしょう。

たとえ退職しなかったとしても、「今から何かやっておくべきことがある」と感じたその思いを無視せず、何かしらの行動をした方がよいことは、全ての人に共通しているはずです。

退職前にやっておくべきこと

公的制度面から考えると、少なくとも病気に関することは在職中に行動を起こした方がよいでしょう。健康保険に関する給付は、初診日を起点として計算されるのが基本だからです。たとえ退職後に入院したとしても、その初診日が在職中であれば、そのときに加入していた健康保険の給付を受けることができます。体調に不安のある方は、在職中に病院の検査を受けておきましょう。

ところで、筆者は新卒で入った会社を2年半で辞めてしまったので、超早期退職組、ハッキリ言えばドロップアウト組です。そのため、あなたと比較することはできませんが、会社員をしていたときと比べて圧倒的に少なくなったものとして「時間」が挙げられます。

会社に泊まり込むことがあるほど残業の多い会社だったので、当時は「学ぶ時間がない」と感じていましたが、今思えばプライベートの時間がタップリありました。会社員を辞めて独立してからというもの、ゆっくりと何かを身に付ける余裕が少なくなりました。何より、固定の月収や有給休暇という存在がないので、学ぶ時間が多くなれば、無報酬の時間も多くなってしまいます。メンタル的にも、じっくりと学ぶ余裕が少なくなってしまいます。

よって、退職後にやりたいことが決まっているのであれば、それを実行に移すための準備を退職前の段階から始めておくべきでしょう。

ある講師の方は、カメラ好きが高じて退職後にカメラを教えようと考えたものの、ただカメラの撮り方を教えようとしても、なかなかその機会に恵まれないだろうと思ったそうです。そこで、旅行先で綺麗な写真を撮りたい人は多いだろうと考え、退職前に勉強して旅行業務取扱管理者の資格を取得されたそうです。

現在は、綺麗な写真の撮り方を指導する傍ら、団体旅行に同行してその様子をカメラにおさめる業務も行われています。退職前の準備が功を奏したと言っても過言ではないでしょう。

定年を意識する世代の方々であれば、「会社が嫌だから辞める」という短絡的な発想はもうないでしょう。よほどのことでもない限り、不意に出社が嫌になるということもないはずです。よって、介護離職等の事情は別として、自ら早期退職を望むような人は、何かしら大きなビジョンを持っての行動と予想されます。誰かに何かを言われなくても、無意識のうちに退職に向けた準備を行っているでしょう。

その意味で、早期退職組の方々は安心ですが、定年退職あるいは嘱託等の雇用延長組は、特に目標もなくゴールを迎えてしまったという可能性がある点で不安です。やりたいことが見つからないまま、ハローワークに通い続けることになりかねません。

あらためて60歳を起点と考えれば、健康寿命がつきるまで12～15年、平均寿命まで21年～27年、人生100年時代とすると40年もの長い時間が待っています。もし皆さんが100年の人生を想定するのであれば、20歳の成人式を迎える若者が、60歳までの定年を見据えて就職を考えるのと同じ立場にいるのです。何のビジョンもなくセカンドステージを迎えていいのでしょうか。

定年を目前にした初期段階のうちに、第2の目標や人生の目的を見つけてみてはいかがでしょうか？　退職前に最もやっておくべきことこそ、この「目標や目的探し」と言えるかもしれません。

ご近所さんとの付き合いを考えてみよう

　なかなか目標が見つからない人にお勧めしたいことの一つとして、町内会活動があります。あなたも風の便りでご存知かもしれませんが、長年会社員として頑張っていた人が、退職後に町内会の活動に参加したものの、結局馴染めずに孤立してしまったというケースが多々あります。

　その理由として挙げられるものも、あなたはご存知のことでしょう。会社ではそれなりのポジションにいて部下に命令する立場だった人が、町内会に入って町会長やその他役員の人から命令されて動くことに耐えられなかったというケースです。

　ただ、急にその組織に参加した人が、新人のように扱われるのはあたり前のことです。もちろん、誰しも理性ではそのことを理解しているのでしょうが、プライドに野性がひっぱられて反発してしまうのでしょう。とはいえ、このリスクを減らす簡単な方法があります。それこそが、退職前から町内会活動に参加することです。

退職後に参加するからこそ、「普通の新人」なのです。口の悪い人は、「暇になったからって顔を出すようになりやがった」と言いかねません。世間的な肩書きは無職なのですから。

ところが、現役時代のうちに参加すれば話は異なります。「〇〇社の部長さんが忙しいのに手伝ってくれた」という反応になります。日ごろ、忙しそうに家を出ていることを近所の人は知っていますから、たまの休みに町内の清掃を手伝おうものなら、「せっかくのお休みにすみません」と気を遣ってくれること間違いなしです。なお、現代の町内会では、50歳代の人のことを「若手」と呼んでいます。

日本人の多くは「会社の肩書きのある人は偉い」と刷り込まれていますから、多少生意気に映っても我慢してくれるはずです。その後、定年退職によって役職を失っても、最初に振る舞ってもらった敬意が急に薄れるようなこともないでしょう。

よって、町内活動をはじめとするボランティア活動は、退職してから始めるのではなく、退職する前から始めた方が有効なのです。

もし、退職後に講師をはじめとする新しいビジネスにチャレンジする場合にも、現役時代に手をつけておいたボランティア活動が生きるはずです。

定年を機にお店を始めるという方もチラホラといらっしゃいますが、長く続くのは近所の常連さんの絶えない店です。筆者も近所のお店にふらふらと入り、どこかで見たことのあるおじさんがやっている店だな～と思ったら、町内会の役員さんだったという経験があります。

お店を始めたことをきっかけに町内会で頑張るというケースもあるでしょうが、営業活動の一環と思われてあまり好感を持たれないでしょう。順序としては、業務よりボランティアを先に行った方がよいでしょう。

なお、ボランティアを行う団体は、何かしらの講演イベントにも関わることがほとんどです。あなたが定年後に講師として開業した暁には、「あなたが話せる内容で講師をしてよ」と業務拡大のチャンスを与えてくれるはずです。

また、退職後の活動に関しては、社内的なルールでもない限りオープンにしておいた方がよろしいかと思います。退職後のことをひた隠しにしていると、「言えない事情があるのでは？」と勘繰られてしまいます。言えない事情として一般的に想定されるのは、「近しい業界に転職するため、守秘義務等に違反する」ケースです。この想像をされてしまうと、会社の仲間たちも関係を続けにくくなります。

異業種交流会の活用の仕方

他にお勧めしたいのが、異業種交流会への参加です。これも退職前と退職後では大きく違ってきます。

現実的に、異業種交流会で威力を発揮するのは、会社名と肩書きです。この2つに重厚感があるほどに周囲からの注目度が高くなります。

退職後に、個人名と携帯番号やメールアドレスを記載した名刺を持っていっても、「何をやられているんですか？　へ〜、そうですか。頑張ってください」と言われて数分で逃げられ、頼みもしないメルマガが届くようになるだけです。

現役時代のうちに異業種交流会に参加する人は少数派です。理由は簡単で、何のメリットもないからです。異業種交流会に参加するのは主に個人事業の人たちで、企業経営者は一部、個人事業が発展して中小企業になった人が自慢しにくるくらいのものです。保険屋さん以外で有名な企業の会社員の人がいたら、「ど〜して、この会にいるの？」と驚かれるくらいです。

それほど貴重な存在ですし、何より個人事業の人たちからすると「もしかしたら、何か大きな仕事がもらえるかも？」という期待感があります。勝手に多くの人が寄ってくること間違いなしです。

起業した場合の苦労など、あなたが知りたいと思うことを聞けば、喜んで何でも答えてくれるはずです。その後、やっぱり不要なメルマガは届くと思いますが、「ぜひ一度、情報交換させてください」と丁寧に連絡してくれるでしょう。後は、自分が退職後に役立つと思う人と付き合いを続ければよいでしょう。

退職直前・退職後にやるべきこと

退職直前期においては、会社が諸々の手続きについて案内してくれるので、それに合わせて行動すれば、何かのお金をとりっぱぐれるというようなことはないでしょう。ただ、これは大手企業の場合であって、中小企業では最低限の離職手続きだけ行って、その他のアフターフォローはないというケースも見られます。

通常、退職時の手続きを説明するためには1～2時間程度を要するので、そのような機会が設けられることがなければ、自分自身で「何かやるべきことはないのかな？」と確認する必要があるでしょう。

特に企業年金関係に関しては、手続きが漏れてしまうと後々大きな損失を招く可能性もあるので注意が必要です。以前、「第二の消えた年金」と言われた厚生年金基金はその最たる例です。

かつて、多くの企業が厚生年金基金に加入していたにもかかわらず、今はその多くが解散しています。

いわゆる厚生年金と切り離されている形で運用されていたので、受給するための手続きを別途行わなければ給付されません。本来、自宅に通知が届くはずなのですが、住所変更等の手続きをしていないと、通知がないまま気づいていないケースも考えられます。もし、過去に「〇〇基金とか聞いたような気がするなぁ。でも、あの会社は辞めちゃったなぁ」という方は、企業年金連合会に問い合わせてみてください。

かつての厚生年金基金の多くは、企業年金基金という形式で運用の一部が引き継がれています。皆さんが退職される会社とは別の組織になるため、将来年金を受け取る権利があるような場合は、ご自身での手続きが原則となります。これらについても、いつどのような手続きが必要になるのかを確認してから退職した方がよいでしょう。

加えて特に気をつけていただきたいのは、確定拠出年金に加入されている方々です。会社を通じて加入する企業型確定拠出年金の場合、退職後にその資産を移換する手続きが必要（中途退社の場合）になります。移換する先は、あなたの転職先の状況等によって異なりますので、実際の手続きは窓口となっている金融機関（運営管理機関）に問い合わせてください。いずれにせよ、退職してから半年間放置すると、国民年金基金連合会に自動移換され、移換手数料等で無駄に資産を減らすことになりかねません。

なお、移換する際にそれまで運用していた各金融商品が現金化されること、さらに、現金化される日程が未定だということにもご留意ください。投資信託等で運用したまま移換手続きを行うと、移換作業が行われている間に急落するリスクがあります。もちろん、ラッキーなことに急騰して儲かるケースもありますが、移換する金額を確定したいのであれば、あらかじめ元本確保型と呼ばれる商品にスイッチングし、その後で移換手続きを行うことが必要です。特に運用に関しては自己責任なので、会社から細かく指導されることはまずありません。想定外に損をしても誰も補填してくれないので、着実に手続きを行いましょう。

また、退職してすぐにどちらかの企業へ入社するのであれば、特に焦る必要はありませんが、しばらく無職となるのであれば、離職票は早急にハローワークへ提出しましょう。失業期間中に支払われる基本手当（いわゆる失業手当）は、離職票を提出して失業認定されてから待機期間等の計算がスタートするので、離職票の提出が遅れると、その分だけ基本手当が受け取れるようになるまで、より待たされることになってしまいます。

この間、明確にやりたいことが決まっていないのであれば、前述した職業訓練学校でパソコンや資格等の勉強をするのも有効でしょう。

なお、失業認定されている期間にアルバイト等の労働を行うと、その認定が取り消されてしまうので注意しましょう。中には、現金払いのアルバイトならバレないからとこっそり働く人もいるとの噂もありますが、違法状態の労働となるので止めておきましょう。

一方、ボランティアに関しては問題ないので、就職活動の合間をぬって近隣のお手伝いをして仲良くなっておくのも有効かもしれません。ボランティアでお金を受け取ってしまった場合でも、交通費や少額の謝礼程度であれば失業認定は取り消されませんからご安心ください。

また、基本手当を3分の1以上残して就職した場合に支給される再就職手当については、企業に就職せず自ら起業した場合にも適用されます。

雇用保険の基本手当は非課税所得なので、税金を引かれることも、確定申告する必要もありません。とはいえ、前職の会社から源泉徴収された税金は概算で計算されたものなので、正しくは確定申告する必要があります。概ね、還付されるケースがほとんどかと思われますので、面倒に思わず確定申告（還付の申請）しましょう。なお、転職先で年末調整を行う場合は、前職の源泉徴収票を渡すことで、併せて年末調整してもらうという方法があります。

その他、年金や健康保険の手続きが必要になりますが、選択肢が多岐にわたり、家族構成や年齢等によって良い選択肢が異なってくるので、本書では詳細を省略します。ただ、共通した注意点として、前年の収入をベースとして計算される住民税の負担が重くなることが想定されるので、その分の資金については確保しておきましょう。

退職した直後は時間に余裕ができるので、異業種交流会等に参加してみようと思われるかもしれませんが、この期間の参加はお金が無駄になるのであまりお勧めできません。

積極的に異業種交流会へ参加する方々は、今すぐ儲けたい人がほとんどなので、これから何かを始めようとする人を応援する余裕などありません。せいぜい寄ってくるのは、「良い副業ありますよ」と言ってくるマルチ商法関係者くらいのものです。人の集まる場所であれば、出身校のOB会など、ある程度ボランティアの匂いのする会合をお勧めします。同窓のよしみがあれば、本気で応援してくれる仲間や先輩に出会える可能性があるからです。

第6章

成功する先生、失敗する先生

講師業に失敗はない？

本章のタイトルに矛盾してしまいますが、対外的に考えて講師業に失敗はありません。本人が失敗したと後悔しても、よほどのことがない限り、授業がつまらないからといってそれで日本中がネット炎上したり、近所の噂に出回ったりするようなことはまずないからです。

本章で言う「失敗」とは、仕事の量が増えないことを指します。セカンドステージで新たな仕事を始めるのですから、多くの依頼を受けてバリバリと働ける状況を作りたいものです。そこまで忙しく働きたくないという人でも、少ない依頼をちょこちょことこなすというより、多くの依頼からセレクトできる状況を望むことでしょう。

これまで記してきた通り、講師依頼の多くは「紹介」です。現役時代の人脈をもとに紹介してくれるケースもあるでしょうが、それは開業当初に使える程度で、実際は「あの講師のセミナーは面白かった」という評判が、継続的な紹介に繋がります。

面白いセミナーを行うためにはどうすれば良いか？　それを逆説的に考えれば、「どうしたらつまらないセミナーになってしまうのか？」を理解することから始めることで、その答えにたどり着くことができるでしょう。

ぜひ、これまで聴いたつまらないセミナーを思い出してみてください。それを反面教師にすればよいだけです。

講師が一方的に話をするだけ？

つまらないセミナーの代表例が、「講師が一方的に話をするだけ」というケースです。基本的に、講師は何かを教える立場なので、話が一方的になるのは仕方のないところです。ただ、受講者の立場で考えてみると、ただ話を聞くだけでは眠くなってしまいます。
ある程度、受講者が自分で思慮を巡らせたり、手や頭を動かしたりするような時間がないと、どんなに内容が良くても飽きてしまいます。可能であれば口も動かす、つまり何か声を発するような時間があると良いのですが、そこまでいかなくても、首を動かしてうなずいたり小首をかしげたりするような時間はほしいものです。

かといって、無理に対話の時間を設ける必要はありません。話しながらちゃんと受講生を見回せば、ヤル気のある受講者が講師に目を合わせようとしてくるはずです。そこで目が合うだけでも、十分に対話が成立しています。

講師として慣れないころは、自分の話に自信がないがゆえに、資料やスライドばかりを見てしまいます。「分からない」という反応を目にするのが怖いのです。

以前、ある専門家の方のセミナーでは、受講者に背を向けた状態で、講師が前方画面のスライドを見ながら進行していました。最初と最後の挨拶以外、講師が背を向けているセミナーに驚きました。役者の舞台と同じで、観客席に背を向け続けるというのはありえないからです。

できればセミナーの途中で、受講者にちょっと話しかけるくらいの余裕はほしいものです。もちろん、話しかけられることを嫌がる方もいらっしゃいますが、講師に目を合わせてくるような人は積極的なので、何かの意見を求めてもそれなりの回答をしてくれます。真ん中の席の2列目か3列目くらいに座っている方に、その傾向があります。

ただ、ご存知の通り物事には限度がありますので、話しかけてばかりで伝えるべき内容が進まないというのは困ります。これでは、余裕を通り越して慢心になってしまいます。

似たようなことは、講師の仕事に慣れたころに起きてしまうのですが、ある有名な講師の方は、最初から話しかけることを想定して、与えられた時間の3分の1程度しか話を用意せず、残りの3分の2を質問時間にしていました。最初は質問が出るのでそこそこ盛り上がるのですが、後半は質問したい受講者がいなくなるので、無理やり話しかけて質問を引き出していました。

これは極端なケースですが、講師も慣れてくるとアドリブ対応が得意になってくる傾向があります。言い換えれば、慣れないうちはアドリブ対応がやや難しく感じることが多いでしょう。そのため、講師業を始めるときに「マニュアル」を求める方も何人かいらっしゃいます。フォーマット化された話し方、フォーマット化されたアドリブ（?）、質問対応を教えてほしいという人がいるのも、仕方のない面があります。

しかし、どの講師案件でも、手取り足取り教えてくれるようなマニュアルは存在しません。筆者も何度か講師マニュアルを受け取ったことがありますが、どれもせいぜいA４用紙表裏くらいの内容です。しかも書いてある内容としては、「受講者に分かりやすく伝える」「終了時間は厳守する」等、セミナー進行のアドバイスには程遠い内容ばかりです。

一流企業の分厚いマニュアルに慣れた人からすれば、その内容の薄さに驚愕されるかもしれません。しかし、いつも違う会場、いつも違う相手、いつも違う話をする講師に対して、画一的なマニュアルを示すことは不可能なのです。

その理由は簡単です。何かトラブルがあったときに、「マニュアルに書いてある通りやったんだから、私は悪くない」と開き直るのを防ぎたいからです。

生徒との付き合い方

何十人、何百人という受講者を相手に話をするため、中には「ちょっと変わった人」もいます。そのときに、変わった人の対応に時間を割くのか、それとも無視するのか、あるいは追い出すのか、あらかじめどれが正解かを決めることはできません。他の受講者の様子や主催者の態度を見据えながら、講師自身が最良と考える対応を判断しなければなりません。

ある専門学校で講師をしていたときのことです。夕方最後の時間帯で、しかも筆者の講義前に他の課目で試験があったらしく、学生たちは疲れ切っていました。試験があったことは知っていたので、「疲れているのは知っているから、肩の力を抜いていいよ。もうちょっと頑張ってね」という旨のことを伝え、講義を始めました。すると受講者の一人が、「早く帰りたいなぁ」と聞こえるように言い出しました。

それでも、明るいタイプの学生でもあったので、軽くいなしていました。ところが、今度は「先生～、もう終わりにしようよ～」と言い出したので、「帰りたければ、帰れ。早退にしないでやるから、帰りたい奴は黙って帰れっ!!」と言い返しました。すると彼を含め、数人が帰りました。

もう5年以上も前のことなので、その後特にトラブルにはなりませんでしたが、何かとパワハラやアカハラと言われる現代としては、お勧めできない対応です。

とはいえ、当時も講義後に担任の先生に報告して、学生が学校側へクレームを言ってきた際に備えていました。結局、講義を途中で帰った学生たちも、翌日以降の講義には普通に出席していました。授業中にうるさくするようなこともなかったのですが、残念ながら、テストの点数が悪くて単位は落としてしまいました。

ところが実は、これだけの対応だと、まだトラブルの種は残っています。それは筆者の講義の前にテストを行った講師への対応です。人づてにこれらの顛末を聞くと、「お前がテストをやったせいだ」と言っているように聞こえてしまいます。その事態を防ぐため、テストを行った講師に対しては、「テスト後にダラけた学生がいましたけど、勉強のためにもどんどんテストをしてやってください」と早急に伝えました。

異なる人間が、入れ替わり立ち替わり対応しているのも講師業の特徴です。前後の人に対する配慮も必要になってきますが、そんなことまでマニュアルに書いてあることはありません。

なお、大学等の講義の場合、受講者は大きく3つのタイプに分けることができます。①ヤル気のある学生、②とりあえずおとなしく座ってスマホをイジる学生、③おしゃべりして迷惑をかける学生の3つです。

人数区分は学校によって異なりますが、どうしても少数派になってしまうのが①です。すると、②や③の学生が多数派を占めてしまうのですが、それでも重視すべきは①の学生です。③の学生がクレームを言う場合は、学校側も「お前が悪いんだろ」と分かってくれます。②の場合も「授業をちゃんと聞いてないんだから、誤解しても仕方ない」と判断してくれる可能性があります。

しかし、①の学生がクレームを言った場合は、講師の技量に疑問符を呈されてしまいます。「あんなに真面目な学生が、わざわざ文句を言ってくるくらいだから、よほどヒドい講義をしているのだろう」と判断されかねません。

なお、彼らがクレームを言う内容は概ね同じです。

「周りの学生がうるさくて講師の話が聞こえない」

ユーチューブ等を見ていただければ確認できると思いますが、ある程度名前の通った大学でも、放っておくと学級崩壊状態になってしまいます。学生向けの講義では「学生を静かにさせる」ことが第一の仕事になるのです。

世間的なイメージの通り、「この先生なら、何をやっても大丈夫だな」と学生が判断すると、おしゃべりをするどころか、教室を動き回る学生も出てきます。受講料を払って学びにきているという意識の学生もいれば、すぐに働きたくないから学校で時間を過ごしているという学生も混ざっているのが現実です。

よって、前者がきちんと学ぶことができる環境を維持することは、講師の義務の一つと言えるでしょう。トラブルは避けるべきですが、後者の学生には毅然とした態度が必要です。後々、学校側に何かしらの対応をお願いするにしても、講師自身が黙認していては、「講師が悪いだけ」と判断されかねません。

他にも多いのが、「トイレに行きたい」と言って教室を抜け出す者です。生理現象なので、講師がダメだと言いにくいのを、学生たちはよく理解しています。

何の制限もなく認めてしまうと、なし崩し的に教室を抜け出し、こっそりタバコを吸ったりするようになるので、最初にある程度の約束をしておくことが大切です。

「人が出たり入ったりすると、周りの人の集中力を削いでしまうから、そのあたりも考えてトイレに行ってね。本来であれば、講義中の出入りは認めていない中で、君の事情を考慮して判断していることを分かってね」

と、やんわり大人の対応を促すようにしています。

監修の小澤先生のやり方はより明確です。左記のプリントを最初の授業で配るそうです。学生たちの言い訳はだいたい決まっています。

「知らなかった。聞いていなかった」

これを少しでも認めると、雪崩式に手を抜くようになってしまいます。それを防ぐためにも、最初の段階で「見ていた」証拠を残すのは有効でしょう。

科目「××××」受講者の皆さんへお願い

担当講師：小　澤　俊　雄

下記の事項を確認の上で上記の科目を選択願います。

☆　「×××」は選択科目ですから授業概要等で講義内容を確認の上で受講願います。従って興味が無いのに友人が受講するので又は何となくと言った様な理由で受講しないで下さい。目的が明確で講義内容に興味を持っている者のみ受講願います。

☆　受講後興味が無くなった又は期待した内容と違っていると言った様な場合は無理して受講しなくても学則に従って受講を取り止める手続を取って下さい。

☆　受講者は必ずテキストを購入し受講時には忘れなく持参願います。

☆　必要に応じてプリントを配布しますので秋学期終了時まで廃棄する事無くテキストと共に持参願います。尚，止むを得ず病気等で欠席した際には友人等からプリントを借りコピーを取り次回の講義日には持参願います。

☆　講義中は遠慮なくどしどし質問をして下さい。講義に直接関係無い質問（例・進路等）は講義後に願います。喜んで相談に応じます。

☆　成績は講義要領に記載されています様に定期試験（筆記試験）６０％＋授業態度・出席率等４０％で判定しますので積極的な態度で授業に参加しどしどし質問等や講義の進行方法に意見・希望を述べて楽しい実のある講義にしたいと思います。

☆　受講名簿が確定された段階で座席は指定席としますので必ず指定された席に着席願います。基本的には名簿順に席を指定しますので視力等の関係で前部の席を希望する方は予めご連絡願います。

上記の事項を理解の上で受講願います。楽しい講義を行いたいと思いますので何時でも遠慮なく意見を申し出てください。講義と直接関係無い事でも遠慮無く相談下さい。

更にアンケート用紙を配って受講目的等を把握し、以降の講義に受講者が興味を持つような内容を盛り込むことも、講義を進めるうえで効果的です。

一般の人向けや企業研修では、あからさまな迷惑行為をする人はほとんどいません。一般の人向けのセミナーでは、ヤル気のある人しか受講しませんし、企業研修で嫌々強制参加させられたという人も、大声を出すようなことはなく、黙って眠りについてくれるはずです。

受講者がどのような人たちであっても、講師は臨機応変に対応することが必要です。トラブルなく進行することが最低限の義務だからです。その上で、「面白かった」「役に立った」という評価を得られるセミナー、講義を行わなければなりません。

事前の準備

面白いセミナーは、当日だけ頑張っても実現しません。入念な事前準備によって可能となります。事前準備がしっかりできていると、講師も自信を持って進行できるので、往々にして良い評価を得ることができます。

「この部分の質問をされたら嫌だなぁ」と曖昧な知識を残していると、余計にその部分をツッコまれて、あたふたしてしまう可能性が高くなります。逆に、知識に自信があれば、アドリブ対応も余裕で行うことができます。

特に企業研修では、実務に即した質問をされることが多いので、講師の知識が不足していると一発で見抜かれてしまいます。「ここまで知っていても、そんなに意味がない」ということでも、知識を明確にしておいた方が良いでしょう。

どこまでの準備が必要か？　と聞かれても、マニュアル的に説明のしようがありません。実際のところ、専門外のことを質問されることもあるので、回答に困るケースもあります。ただ、そのような事態が起こるのは、講師として恥ずかしいことではありません。「ごめん。その話忘れちゃったから、次回に資料を持ってくるね」と対応することもあります。曖昧な知識で間違ったことを言うよりは、知らなかったこと、忘れてしまったことを堂々と示し、時間を置いて正しい情報を提供した方が受講者も安心します。

企業研修においても、「確認して後ほどご連絡します」という持ち帰り質問を受けることがちょくちょくあります。準備が完璧でなかったとしても、ある程度のことは時間を置いて対応できる余裕があることも知っておきましょう。

転職先が豊富な講師業

会社員としてのキャリアが長い人であれば、時には職場の人間関係に悩むことがあったかもしれません。上司と性格が合わない、部下が言うことを聞いてくれない、それでも毎日いっしょに仕事をしなければならない、憂鬱な気分で会社へ向かったこともあるはずです。

講師は様々な人と触れ合うので、「この人とは仲良くなれないな」という人と遭遇する可能性は高くなります。とはいえ、同じオフィスに通い続ける会社員の方に比べれば、一時的に顔を合わす程度となるのがほとんどです。基本的には、我慢できる範囲で終わるでしょう。

ただ、どうしても我慢できない場合は、あっさりとその仕事を辞めてしまうことも考えられます。筆者も一度、自分のワガママで講師の仕事を辞めたことがあります。

数年お世話になっていた研修会社で、社員の人たちともお酒を飲んだりして楽しくやっていました。ところが、新しく配属された管理職の方とどうしても気が合わないため、若手の講師を紹介して自分はフェードアウトしました。今思えば、特別何か嫌がらせをされたというわけでもなく、「若気の至り」としか言いようのない理由しか想像できないのですが、自分のワガママを通して辞めてしまいました。

結果的には辞めたものの、退職届を出すような手続きはありません。単に業務委託の契約を受けない、あるいは更新しないだけなので、悪い言い方をすれば履歴書には傷がつきません。職務経歴書にはその研修会社での経験を載せますが、後々、「何で今、そこの会社の仕事を請け負っていないの?」などと聞かれるようなこともありません。講師の仕事の現場はちょくちょく変わるのがあたり前だからです。

テレビのコメンテーターで見かける教授にしても、いつの間にか所属の大学名が変わっていることが多々あります。一つのところにずっとしがみつかなければ生きていけないという職業ではありません。

かえって、様々な学校や研修会社を経験していた方が、ダイレクトに「経験豊富」と評価してくれるケースが多いです。会社員の方が数カ月や数年で転職を繰り返していると、「長続きしないんだな」とネガティブに捉えられてしまいがちですが、講師業という「根っこ」がついている分だけ、各所での経験を「枝葉が広い」と前向きに捉えてくれるようです。

元々の仕事を蹴っても、どこかの企業や学校が講師を求めているので、ある程度の経験を有していれば、仕事に困ることはありません。ただし、これが通用するのは大都市圏に限られます。特に首都圏であれば、学校や企業がたくさん集まっているのでよいのですが、地方では講師を求める現場が限られてしまいます。田舎暮らしをしながらのんびりと講師をしたいということであれば、所属先の学校等を大切にしないと、引っ越しを余儀なくされるかもしれません。

とはいえ、逆に考えてみると、引っ越しを苦にしないのであれば、地方の大学等で活躍するチャンスが広がると言い換えることもできます。講師のキャリアを積んでくると、複数の学校を掛け持ちするようになるので、交通事情の悪い学校になると講師集めに苦労するケースが散見されます。最初のうちは、腰を据えて地方の大学等で経験を積むという方法も考えられます。

首都圏であっても、都心からやや離れた大学等になると、ベテランの講師が敬遠する傾向があります。通勤時間が許容できる範囲であれば、積極的に遠方の学校で教えることも検討してみましょう。前向きに考えれば、通勤の方向が一般の会社員と逆になるので、電車内は空いていますし、駐車場にも余裕があるので車通勤も可能となるケースが多いです。

企業研修に関しては、事業所数の関係で地方は案件が少なくなってしまう面が否めません。その代わり講師も少ないので、特定の業務に関して独占的に活動できる可能性もあります。現在、筆者が主に行っている確定拠出年金の研修に関しても、中国・四国地方や北海道などは、講師が足りなくて困っているという話をよく耳にします。フットワークの軽い方であれば、地盤を変えて活動してみるという方法も考えられます。

また、活動の地盤を変えなくても、活動内容の地盤を変えることで、実質的な転職を行うことも考えられます。例えば資格講師であれば、税理士講座を教えていた講師が、ファイナンシャルプランナーの講座を兼ねたりといったように、ベースを移すケースも見られます。教える分野を変えるだけで、活動範囲も変わったり広がったりするのが講師業の面白いところです。

筆者が学校関係の講師業務を減らして企業研修を中心に行うようになったことも、実質的には転職にあたるのかもしれません。結局のところ、「話して伝える」ことは共通しているので、内容が変わってもそれなりに対応できてしまうのです。その意味で、講師業は「ツブシが利く」と言えるかもしれません。

通用するキャリア、通用しないキャリア

ところで、筆者のように若いころから講師を行っていると、今さら気が変わっ

て「会社員になりたい」と思っても難しいでしょう。長年フリーで働いてきた人間を雇うような、気まぐれな会社はめったにないはずです。自分自身でも、組織の一員として役に立てる自信がありません。世間の人たちに比べて、社会人としてワガママに育っていることを自覚しています。

講師同士の会話でも「毎朝同じ電車に乗って、同じ場所に通い続けるのはできないよねぇ」という、浮き世離れした発想が飛び交います。講師に限らず、若いころからフリーで働いている人は、やや自己中心的な発想が染み付く傾向があります。

とはいえ、会社員としての経験を積み上げたシニアの方々が、数年間、講師を経験した後に、やっぱり会社員として働きたいとなった場合、その数年間をネガティブに捉える企業は少ないものと思われます。会社で長年培った経験の土台の上に、講師としての新たなキャリアを上乗せして考えてくれるはずです。

ここでもし、あなたが定年退職した後、一時的な収入を得るためにアルバイトを始めたとしたらどうでしょうか？　きっとあなたは、後々の就職活動の際、アルバイトしていたことを職務経歴書に載せないはずです。ご存知の通り、アルバイトは職務としてみなされないのが一般的だからです。アルバイトの経験を聞かれるのは、せいぜい新卒採用のときくらいのものでしょう。

その結果、あなたの履歴書や職務経歴書には、数カ月あるいは数年間の空白がぽっかりとできてしまうのです。意地悪な見方をする人事担当者は、書類審査の段階で「あぁ、定年退職した後に、旅行でもして遊んでいたんだろうな」と想像するかもしれません。まさに浮き世離れしたイメージが上塗りされてしまうのです。

一方、あなたが講師として活動を始めた場合、「平成○年　△△事務所開業現在に至る」と履歴書に書いておけば、ビジネスマンとしての経歴は継続します。たとえ仕事の依頼が少なくても、職務経歴書に数件の実績を載せておけば問題ありません。無料で行ったセミナーでも、いちいち「無料」と書く必要もありませ

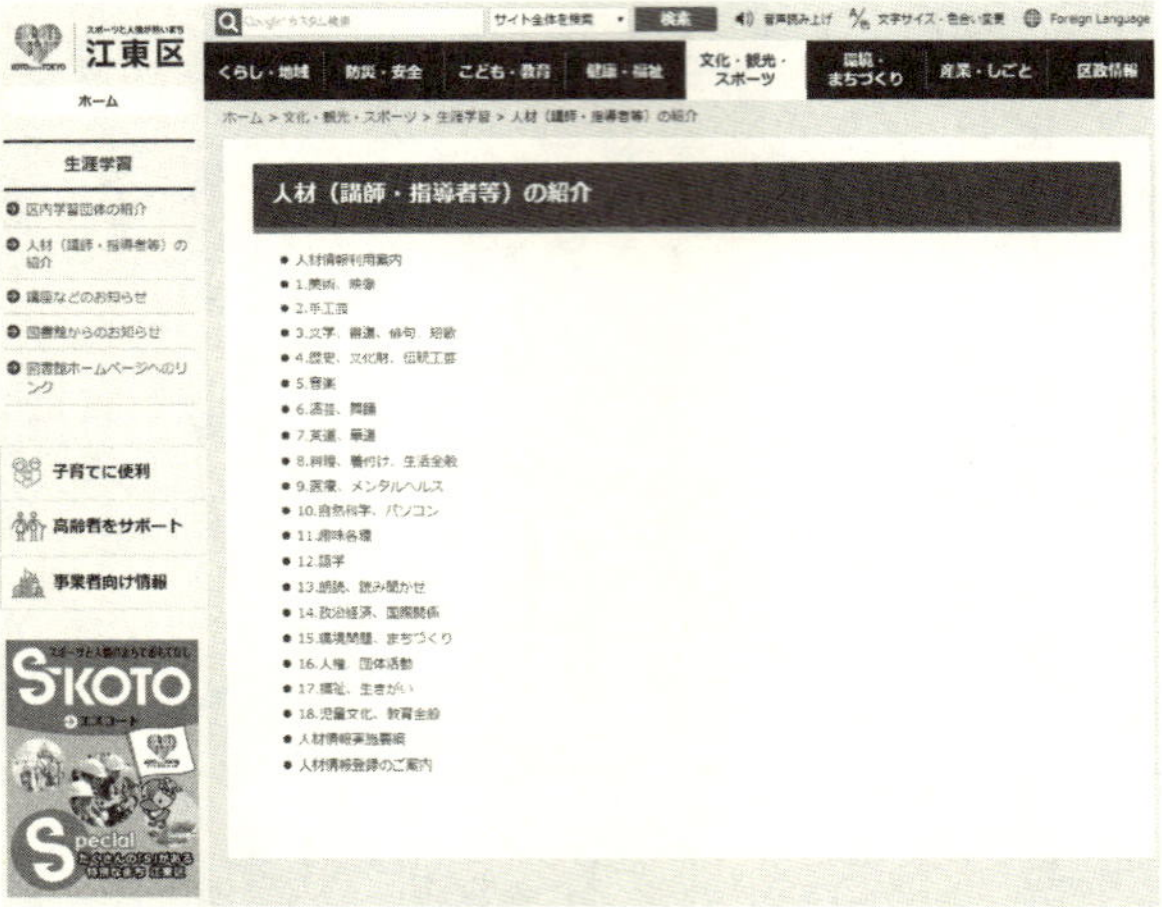

江東区のホームページ
https://www.city.koto.lg.jp/bunkasports/gakushu/jinzai/index.html

ん。暇な時間にアルバイトしていても、どうせ履歴書等に載せないのですから、とりあえず開業して「名ばかり講師」になってしまうという手もあるかもしれません。

ただ、せっかく講師として開業したのであれば、あなたの過去のキャリアをベースに活躍していただきたいと思います。筆者が暮らす東京・江東区のホームページにも、講師として活躍する方々を紹介するページが含まれています。各地域において、シニア世代の知識や経験の伝承が求められているようです。

こんな人は講師として紹介したくない

何かしらのご縁で、講師の仕事をどなたかに紹介することがあります。元々、仲の良い人や信頼できる人に紹介することがほとんどですが、スケジュールの都合等で該当する人がいない場合は、あまり関係性の深くない人に紹介することもあります。

もちろん、依頼元の方には「名刺交換した程度で、私自身もよく知らない講師の方なんですが、それでもいいですか?」と事前に確認していますし、加えて「講師としての実力も未知数です」という旨も伝えています。

このような予防線を張った上で、講師業の案件を紹介したい旨の連絡を入れるのですが、このときの返答で怖いのが次のような人です。

・とにかく報酬の確認から始める人

経験上、あからさまに報酬に難癖をつける方で、セミナーの質が高かったケースはありません。しかも不思議なことに、「その報酬じゃ安い」と文句は言うものの、「すみませんでした。それでは他の方をあたってみますので」と引き下がると、「でも、今回はせっかくの縁だから」と引き受けてくださいます。お忙しそうなのに……。

こちらも、一度お願いした手前、再度お断りすることもできないので、そのまま依頼元でセミナーを行っていただくと、往々にしてクレームが発生する事態となります。基本的に、悪い情報は本人に伝えないようにしているのですが、何らかの事情で本人が知ってしまった場合でも、「安い仕事だから……」という捨て台詞を返されてしまいます。結果的に、より報酬の高い仕事があっても紹介することができなくなってしまうのです。

良い結果の期待できる講師は、冒頭に報酬を確認するようなことがほとんどありません。そもそも、セミナーや講演というのは千差万別です。時間・場所・内容・受講者の人数・受講者層、資料作成の有無等、種々の情報が分からないと、自分がその現場で役に立つのかどうかイメージできません。

先に報酬を聞いてしまうと、本当は自分の専門外という理由なのに、お金が原因で断ったように見えてしまいます。賢い講師はそのことを知っているので、自ら報酬を聞いてくるようなことがありません。そもそも、報酬をナイショにして仕事を紹介してくるような人はいませんから、程よいタイミングで「報酬は○○円です」と言ってくるはずです。

なお、文脈からお察しいただけたかと思いますが、これらのやりとりは電話で行います。「普通はメールじゃないの?」と思われるかもしれませんが、まだ信頼関係が築かれていない間柄では、依頼・紹介の話をメールで行わないのが普通です。

理由は簡単です。メールに報酬を記載すると、後々その情報が第三者に転送される可能性があります。そのときの受信者が案件を断って、他の人が案件を引き受けたときに、その報酬が筒抜けになってしまうからです。

「安いからオレが断った仕事、Bさんが引き受けたんだよ」

と漏らす講師も一部に見受けられます。

引き受けてくれたBさんの立場を守ることを想定すれば、証拠の残る形で安易に重要情報を伝えない方がよいのです。よって、電話で内諾を受けてから、詳細をメールで送る形をとっています。

とはいえ、報酬が低くても、講師の案件は引き受けなければならないというわけではありません。筆者自身も「いくらなんでも、それじゃあ家族を養っていけないよ～」というときはお断りしています。そのときの決め台詞は「若手にチャンスをあげてください」としていますが、これが使いづらいときには、「ＰＴＡが忙しくて、準備する時間がとれないんですよ」と相手が傷つかないように気をつけています。

・自信満々な人

実は、もっと怖いのが自信満々な講師です。どこかしらで経験があって、妙に自信をつけている方ほど危ないです。筆者自身も、数年に1回くらいの割合で調子に乗り過ぎる時期があるのですが、そんなときほど何かしらのミスを犯します。

「それ得意だから、絶対に大丈夫」

こんな返答が来たときほど黄色信号、いや、むしろ赤信号です。金融商品と仕事で「絶対」という言葉が出ると、まずもって結果は反対方向へ向かいます。このあたり、シニア世代の方々であれば、現役時代に嫌というほど味わっているはずです。

自信満々が過ぎる、つまり慢心している人は準備に手を抜きがちです。慢心していると視野が狭くなるようで、受講者がつまらなそうにしていても、不思議なくらい気づきません。アンケート結果が悪くても、レアケースと捉えて修正に応じてくれないことさえあります。

かえって、「私なんかでいいんですか?」と答えてくれる講師は安心感があります。自分では力不足と思ってくれているおかげで、しっかりと準備して対応してくれます。たとえ慣れていなくても、一生懸命にセミナーを進行していれば、その誠意は受講者に伝わります。理解できなかった部分があっても、受講者自ら質問に来るなどして、理解度を高める努力をしてくれるはずです。

セミナーによっては、あらかじめ台本（スクリプト）が用意されていて、その内容をもとに進行するケースもあります。不安な気持ちを持っている人ほど、その台本をしっかりと読み込んで、内容の理解を深めてくれます。中には、各ページに付箋を貼って、重要ポイントを確認しやすいように準備している人もいます。これだけの準備を重ねていれば、かなり高い確率で高評価を得られるはずです。

同様のことがずっとできればよいのですが、慢心していると、どうしても準備に対するモチベーションが低くなってしまいます。

言い換えれば、不安の表れはモチベーションの高さを示しているとも言えます。だからこそ、「私は講師に向いていない」と不安を覚える人ほど、実は講師に向いているのです。

人間は年齢を重ねるほど保守的になると言われています。経験が豊富であるがゆえに、未経験のことを「怖い」と感じてしまうのも仕方のないことです。未経験であるにもかかわらず、「オレならデキる」と自信満々になっている人の方が、周囲からは怖いと見られてしまうことを、皆さんも容易に想像できるはずです。

初めての講師業を「怖い」と思うのは、当然の拒否反応です。その拒否反応があるからこそ、事前準備という防御手段を入念に行うモチベーションに繋がります。よって、おかしな言葉づかいになってしまいますが、安心してその不安感を受け入れて講師業をスタートしてください。

講師に向かない人

前述した2つの条件に該当する人は、講師業に向かないと思われます。そもそも、初めての講師業の案件は安くてあたり前です。あなたがよほどの有名人でもない限り、未経験の講師に高い報酬を提示することはレアケースです。少なくとも、半年くらいは低い報酬で我慢してください。加えて、低い報酬でも喜んで

（フリでも結構です）業務にあたってください。シニア世代であっても、見習いからスタートしている意識が欠かせません。

・とにかく上から目線な人

この他に、講師に向かない人として挙げられるのは、「とにかく上から目線の人」です。「先生」と呼ばれている時点で、かなり上から目線になってしまいがちな講師業です。元々上から目線の人が先生と呼ばれるようになれば、増長する結果を招くのは火を見るよりも明らかです。

特に今の若い世代の人たちは、自慢話を嫌う傾向にあります。上から目線で過去のエピソードを語られると、あからさまに拒否反応を示すはずです。講師自身は過去の経験や事例を伝えているだけと思っていても、その態度が上から目線と捉えられると、その印象だけが受講者に残ってしまいます。若い受講者から「あの講師は自慢話ばっかりでつまらない」という評判を耳にしたことも多々あります。

世間がうらやむような大企業で、社内でも一目置かれる立場にいた人であっても、受講者に目線を合わせて進行する姿勢が望まれます。相手が20歳そこそこの若造であっても、新入社員に対応するような気持ちにならず、「若いお客様」と捉えて話したいものです。

なお、今この本を読んでいる人は該当しないと思いますが、「講師なんてやりたくない」と思う人は、もちろんやらなくて結構です。嫌々始めたけど、意外と好きになったという人はほとんどいません。「楽して稼げそうだから、興味はないけどやっちゃおう」という感覚で登壇すると、悪い評判だけ残して晩節を汚すだけの結果を招きます。少しでも、「教えることが好き」という気持ちがないと向きません。

・資格を一度で取得した人

また、資格講師を始めようと思う方に注意しておきたいのが、「資格を一度で取得した人」です。世間から見ると、資格を一度で取得できるほど優秀なのだから、教えるのもさぞ得意だろうと感じるかもしれません。

ただ、資格試験の多くはマークシート式で、しかも問題も似たようなものが繰り返されるので、さほど中身を理解していなくても感覚的に正解が読めてしまうものです。この「感覚」を教えるのは至難の業ですし、そもそも受講者もそんなものを求めてきません。「なぜ○○が正解なのか？」「なぜ××が誤りなのか？」を分かりやすく教えてほしいのです。

ところが、一度で取得できた人はそこまで考えずに試験合格しているので、いざそんなことを聞かれても、バックボーンとなる知識を備えていません。

実は筆者がこのタイプでして、CFPは運良く6課目一発で合格してしまいました。自分はスゴイと勘違いした状況で資格講座に登壇したものの、知識不足で準備に苦労したのを覚えています。なお、「運良く」という部分を補足しておきますと、苦手課目が超絶に簡単だった、勘で解答したものが正解していた等の幸運が重なったものです。

逆に、苦労して資格取得された人の方が、より中身を深く理解した上で合格されているケースが多いように感じます。「なぜ？　どうして？」という部分がクリアになっているので、教えるのも上手になると思われます。

そもそも、納得できるまで理解することに時間がかかったから、何度か落ちてしまったわけです。一方で、一発で合格したような人は、「よく分からないけど、とりあえずこれが正しい」と、悪い意味で合理的な発想ができてしまっただけと考えられます。この発想のまま、誰かに教えようと思っても中身が伝わるはずもありません。

もし、初めて講師の仕事をするときに、その内容を選ぶことができるのであれば、専門分野には含まれるけれどやや不得意な内容から始めることをお勧めします。不得意と認識していれば、それだけ一生懸命に準備するモチベーションが生まれるからです。

話はちょっとそれますが、筆者自身は執筆の業務でこの不得意スタートを行い、上手くいったと感じています。

ビジネス書を出版したいと考えたときに、当初用意した企画は「投資」でした。お金に関する分野の中でも、投資信託等に関する知識に自信があったからです。ただ、その当時は年金未納問題が話題になっていたこともあり、打診された企画は「年金」でした。企業年金総合プランナー（DCプランナー）という資格は持っていたものの、社会保険労務士でもないので、決して年金、特に公的年金は得意と言えるものではありませんでした。

実際、2カ月間かけて苦労して仕上げた原稿は、半分以上が書き直し。次の1カ月で何とか書き終わるという事態となりました。ちょうど子どもも生まれたばかりのころで、本当に大変だったのを覚えています。正直、増版もされずヒットもしませんでした。それでも、仕上がった内容は、今でもパーソナルベストの良書だと思っています。

最初に苦労したことで、企画当初に自信がなくても、最後まで一冊の本を仕上げる自信がつきました。おかげさまで、本書で15冊目の出版となります。大ヒット作と呼べるものはまだ少ないものの、デビュー作で厳しく指導していただいた編集者と、へこたれず頑張った当時の自分に感謝しています。

講師の仕事でも同様でして、誰もいないから仕方なく話すことになった講演で、想定外に褒めていただくケースが多々あります。もちろん、しっかりと準備はしていくのですが、自分としては「クレームが来なければ御の字」という状況のときでも同様です。そんなときほど、「一生懸命さ」がカバーしてくれるのかもしれません。

・極度に緊張してしまう人

他に、講師に向かない方として、極度に緊張してしまうタイプの人も挙げられます。ただ、ポイントは「緊張」ではなく「極度に」です。

人前で話すときに緊張するのはあたり前です。緊張しないのは、よほど手を抜いているか上から目線の人だけです。とはいえ、不思議なことにある程度の緊張は見ている人に伝わりません。手が震えていても分かりません。

ベテランの大物歌手などでも緊張が激しいことで有名な人がいますが、テレビで歌っているとき、緊張しているようには見えませんね。安易な考えかもしれませんが、テレビや舞台の上では緊張している姿を晒すのが普通の光景であり、そこに緊張していない人が登場すると、かえって違和感を覚えるくらいなのかもしれません。よって、倒れてしまうくらい緊張する人でもなければ、緊張していることを気にする必要がないのです。安心して、そのまま緊張していてください。

・凄くケチな人

さらに、講師に向かないタイプとして考えられるのが「凄くケチな人」です。良いセミナーや講義を行うためには、依頼元から渡された資料だけでは情報が不足します。ある程度、自分自身で本を買うなどして、情報を補完することが欠かせません。

多くの情報はネットで得ることもできますが、調べる時間の人件費を考えると、その分の報酬を再請求したくなるかもしれません。しかし、これらの費用は、元々の報酬に含まれていると考えてください。資格講師であれば、初めて行う1時間の講義では2時間の準備が必要と言われています。お金や時間を投資したくない人は、講師に向いていないかもしれません。

以前出会った最もケチな人で、「タブレットやノートパソコンを買いたくない」という方がいました。昨今は、スライドを投影して話す機会が多くなっています。講師として活動する上で、ノートパソコン（またはタブレット）は必須です。スマホで代用できる場面もありますが、不意の対応等を考えると機能が不足しています。

セミナーで使う程度のノートパソコンであれば、安価なもので十分です。これくらいの出費は必要経費と考えた方がよいでしょう。

おわりに

本書の監修を務めさせていただきました、小澤俊雄と申します。長年、講師業を務めさせていただき、小山信康先生ともこの仕事が縁で知り合いましたが、そもそも私の場合は、旅行関係の仕事を離れた当時の置かれた状況を考慮し、友人が気を利かして、恩師に母校の講師になるように推薦してくれたのが、今の仕事に就くきっかけです。

講師になり立てのころは一コマ90分の時間が持てばいいのだと安易に捉えて、業界在職時の失敗談や思い出話を中心に講義しましたが、講義数や出講日が増えてくるに従い、そのような安易な対応では受講者の満足を得られないことに気づき、下調べ等に多くの時間を費やして講義に臨むようになりました。

授業の準備には90分の講義時間の数倍の時間を要することも度々ありました。当初は労働時間に対応した報酬でないことに若干の疑問もありましたが、入念な下調べや講義後の受講者からの質問に誠実に対応する姿勢を貫くことで、受講者が明らかな満足を得ていることを自然と実感するようになり、講師としての喜びを得ました。

俳優でも料理人でもそうですが、何事も人の目に触れない場所での準備や反省が重要なのだということを理解できるようになりました。そして何よりも他の仕事では得難い、〝先生〟と呼ばれる仕事への喜びを得ることができました。

その後、先輩諸氏や同僚講師の紹介を得て、益々出講先の学校や出講数も増え、おかげさまで過去30年間に大学・短大・専門学校等合わせて約30校に出講する機会を得て、受講者数も3000余名に達しました。

その間にいろいろな方々から講師になりたい、または出講先を増やしたい、あるいは出講に際しての悩み等の相談を頻繁に受けるようになりましたが、これを読めばいいのではないかというような「～になる本」的な書物になかなか巡り合えず、私の経験による限られたアドバイスしかできなかった次第です。

先生になるには高いハードルがあって「自分には無理だ」と思っている人が多いようですが、本書でも解説されていますように、教員資格を有していなくても人それぞれ趣味・特技を活用し、豊富な経験や培った人脈を工夫すれば、先生になることは不可能ではありません。

私は人様に自慢できるような学歴・学位、さらに教員資格もありません。先に述べましたように人脈のみで講師になる機会を得たわけです。読者のみなさんもまずはどのような教育機関でも、ボランティアとしてでも結構ですので、人前で話をする機会を得てください。それが先生になる「入場券」となります。

そして相手が欲していることが何かを察知して知識や話題を提供すれば、ひとまず先生としては合格、さらに良い評判を得れば講座数や出講先も増えること、間違いなしです。

講師業のだいご味は、教えることの喜びだけでなく、「教えることは学ぶこと」です。社会人対象の講座ではその道の経験豊かな受講者と出会う機会もあり、教えながら学ぶことが可能で「一石二鳥」となることを何度も経験しております。

本書は、皆様が先生になる機会を得る「水先案内人」となればと願っています。「生涯現役」を貫くつもりですので、いつかどこかの学校でお会いする機会を楽しみにしております。

では「先生」になることへチャレンジされ、人に教え、社会貢献の一端を担い、楽しく有意義な人生をお過ごしください！

最後に、本書の著者・小山信康先生のおかげで監修者のご指名をいただきましたこと、及び本書の発刊にあたりご尽力を下さったマイナビ出版の田島孝二様に御礼申し上げます。

小澤俊雄

●著者プロフィール
小山信康（こやま・のぶやす）

FP事務所フライフ・アレンジメント代表。CFP®、FP技能士1級、1級企業年金総合プランナー（DCプランナー）。独立系FPとして、相続から奨学金まで幅広く相談に応じ、様々な講師・講演活動も長年行っている。主な著書に『貯金のできる人できない人』『やってはいけない節約』（マイナビ新書）、共著に『5000円から始める確定拠出年金』『5000円から始めるつみたてNISA』（彩図社）、他多数。

小澤俊雄（おざわ・としお）

1947年、神奈川県生まれ。日本観光専門学校、観光経営科、卒業。旅行業（海外駐在経験を含む）に従事及び旅行会社相談役、旅行業コンサルタントを営み、現在は専門学校・大学・短大にて観光関係科目担当非常勤講師。総合旅行業務取扱管理者。71歳となった2018年度前期は2大学・専門学校、後期は1大学・2専門学校に出講中。

マイナビ新書

先生になろう！
セカンドステージでキャリアを生かす

2019年2月28日　初版第1刷発行

著　者　小山信康
監　修　小澤俊雄
発行者　滝口直樹
発行所　株式会社マイナビ出版
〒101-0003　東京都千代田区一ツ橋2-6-3　一ツ橋ビル2F
TEL 0480-38-6872（注文専用ダイヤル）
TEL 03-3556-2731（販売部）
TEL 03-3556-2735（編集部）
E-Mail pc-books@mynavi.jp（質問用）
URL http://book.mynavi.jp/

装幀　小口翔平＋山之口正和（tobufune）
DTP　富宗治
印刷・製本　図書印刷株式会社

ISBN978-4-8399-6783-3

Printed in Japan